SOUVENIRS

DE

FONTAINEBLEAU

Par Auguste Luchet.

PRIX : 1 FRANC.

FONTAINEBLEAU.
CHEZ REULLIER, ÉDITEUR,
PLACE AU CHARBON, 4.

1842.

L'Editeur poursuivra avec toute la rigueur des lois les détenteurs d'exemplaires non revêtus de sa signature.

Fontainebleau. — Imprimerie de E. Jacquin.

L'auteur de ce petit livre, en acceptant l'offre qu'un ami trop bienveillant lui a faite d'être son éditeur, n'a pas entendu le moins du monde ajouter une *Description*, un *Itinéraire*, ou quelque chose de semblable, à ce que des hommes bien plus compétens que lui ont déjà fait pour le plaisir ou l'utilité des promeneurs. Le palais et la forêt de Fontainebleau ont leurs guides et leur poète ; MM. Denecourt et Jamin savent par cœur ces merveilles que M. Alexis Durand a chantées. Le voyageur sérieux, l'artiste venu pour étudier, l'homme du monde aux longs loisirs, n'ont à chercher dans les pages qui suivent rien qui puisse remplacer à leur égard les ouvrages de MM. Jamin et Denecourt, ni les vers de M. Durand.

Mais ceux qui voient en courant, non pas parce

qu'ils préfèrent voir ainsi, mais parce que le temps leur manque pour voir mieux; les jeunes gens qui peuvent à grand' peine arracher un jour de liberté à leurs occupations, aux devoirs d'une place, à la douce prison de la maison paternelle, les touristes du dimanche enfin; les femmes surtout, pour qui l'émotion vaut bien la science, trouveront peut-être dans ces souvenirs assez pour leur curiosité, et quelque chose pour leur attendrissement.

L'auteur a écrit la moitié de ce qu'on va lire à Fontainebleau même, l'autre moitié dans l'exil; au foyer de l'hospitalité la plus charmante, et dans les ténèbres d'un affreux isolement. C'est donc le reflet vivant, pour ainsi dire, de tout ce qu'il a aimé dans ce beau coin de sa patrie et de tout ce qu'il y regrette. Ce n'est ni un plan ni une carte, c'est une inspiration.

SOUVENIRS

DE FONTAINEBLEAU.

Le voyageur a plusieurs moyens de se rendre de Paris à Fontainebleau. Le meilleur, parce qu'il est à la fois le plus agréable et le plus prompt, consiste à se confier d'abord aux locomotives du Chemin de fer de Paris à Orléans. On peut le faire sans crainte, maintenant! L'épouvantable catastrophe du 8 mai 1842 a pour long-temps rendu toute négligence, toute imprudente hardiesse impossibles : les malheurs du présent fondent la sécurité de l'avenir. Dailleurs le directeur du chemin dont nous parlons, M. Banès, est un homme sage, instruit, toujours à l'œuvre. Sa vigilance et sa fermeté nous répondent de tout.

Du Chemin de fer et sur la rive gauche de la Seine qu'il cotoie presque sans interruption, le voyageur voit d'abord *la Gare* et sa Verrerie, confondues, pour ainsi dire, avec les immenses bâtimens de l'embarcadère. Puis la vue se dégage et *Bicêtre* apparaît, Bicêtre, autrefois château où les diables venaient festoyer, dit la légende, maintenant un hospice, grand comme une ville, peuplé presqu'autant que sa sœur la *Salpétrière* dont en partant vous avez rasé les murs et vu le dôme. Après Bicêtre, c'est *Ivry*, un vieux village qui vivait déjà au 10e siècle, aujourd'hui connu par le lait de ses vaches et la fraîcheur de ses caves, mais fort mal à propos par une bataille très célèbre, laquelle regarde un tout autre Ivry. Là vécurent madame Deshoulières, le chevalier Parny et sa charmante femme, mademoiselle Contat. Là mourut en 1820 la duchesse douairière d'Orléans, que les habitans du lieu tiennent aujourd'hui pour une sainte, tant elle fut bonne et vertueuse. Faut-il indiquer *Saint-Frambourg*, et ces débris d'une chapelle que la bravoure des antiquaires fait remonter jusqu'à Clovis? Le *Port à l'Anglais* et ses joyeuses matelottes? Là haut est *Villejuif* et au-dessous de Villejuif vous voyez *Vitry*, tout planté de pépinières, avec un château et des jardins dessinés par Lenôtre, avec une petite maison grise qui vit mourir en 1838 le plus grand des médecins, le plus hardi des philosophes, Broussais.

Le piston de la locomotive ne bat plus, les wagons

ralantissent leur marche, puis encore; puis tout devient immobile. Nous sommes à la première station. Ce long amas bisarre d'usines, de jardins, de quais, de rues et de ruines, c'est *Choisy-le-Roy*.

Choisy! dans ce nom que de folles dépenses, et de scandale, et d'amour, et de débauche, et de grandeur! Choisy! où sont maintenant tes splendeurs? que sont devenues tes parures de ce temps de merveilleuse effronterie où les rois donnaient aux peuples leurs maîtresses à adorer? Où sont tes grottes qui parlaient, tes bosquets qui changeaint de place la nuit, tes tables invisiblement servies qui montaient du plancher toutes fumantes? Est-ce comme une leçon, dis, que tu montres aux paysans les pans de ton château, déchirés, sales, en lambeaux, semblables aux haillons d'une vieille courtisane? Salut, Choisy, jadis inutile et maintenant si précieux. Une autre reine à présent te possède. Tu rapportes plus que tu n'as coûté! Car ta maîtresse, aujourd'hui, c'est l'Industrie, la grande industrie; elle a déjà rendu ton nom populaire sur toutes les tables, et bientôt la verrerie peinte de Choisy va nous rendre le vitrail du seizième siècle qu'on croyait à jamais perdu.

Là mourut, quand c'était une demeure d'amour, l'auteur de *l'Art d'aimer*, Gentil Bernard. L'auteur de la *Marseillaise* y est mort depuis que c'est ce que vous voyez, une ville de travailleurs et d'artistes, un atelier d'hommes forts et libres.

La machine siffle: le mouvement nous est revenu,

et tout d'un trait, comme la foudre, nous atteignons *Ablon*, la seconde station. Nous avons en passant aperçu la vieille seigneurie de Villeneuve-le-Roi.

Ablon est un gros village où demeura Sully. Voilà tout. Marchons. Voici *Mons*, *Petit-Mons*, *Athis*, qui fut le séjour de mademoiselle de Scudéri, l'auteur de *Clélie* et de la géographie du *Tendre* : temps singulier que celui-là ! Au château d'Athis se rattache le souvenir de l'homme le plus laid, le plus cynique, et le plus gai de la cour de Louis XIV, le duc de Roquelaure.

A *Juvisy*, nous quittons la ligne d'Orléans pour entrer sur l'embranchement de Corbeil. Remarquez, si vous pouvez, *Grand-Vaux*, un domaine que M. Vigier, son propriétaire, a su rendre si célèbre en 1835, au moyen d'une fête assez excentrique donnée à tout ce que la haute administration comptait alors de plus aimable. Autre station à *Châtillon*; je ne sais si c'est le grand ou le petit.

Cette troisième station faite, nous courons sur *Viry-lès-Fromages* : l'eau vient à la bouche en y songeant. Viry a des châteaux magnifiques, entr'autres celui qu'occupe la noble fille du grand banquier Perregaux. Madame la duchesse de Raguse. En 1836, elle eut l'honneur d'y recevoir une femme toute de grâces et de bonté, qui, de reine qu'elle fut autrefois, n'était plus alors qu'une mère désolée, Hortense Beauharnais, duchesse de Saint-Leu, accourue de sa solitude d'Arenenberg pour demander la grâce du chef des insurgés de Strasbourg. Elle obtint cette grâce, la pauvre mère, et puis elle mourut, sans prévoir, hélas, que son fils recommencerait à Boulogne l'œuvre déjà manquée à Strasbourg. Cette fois, l'imprudent héritier d'un nom sans successeurs possibles, n'avait plus sa mère pour prier la justice de l'excepter encore. A cette heure, le prisonnier pleure sa mère et ses rêves. Il est cruellement puni.

La quatrième station nous met en face du pont de *Ris*, généreux cadeau fait aux deux rives par le tout puissant banquier Aguado. Après Ris, c'est *Fromont* et l'Institut horticole, fondé par M. Soulange Bodin; puis *Grand-Bourg*, *Neuf-Bourg*, *Petit-Bourg*, trois domaines, dont un seul, Petit-Bourg, est célèbre, mais assez pour trois et plus. Petit-Bourg, ce beau château rose, était au duc d'Antin. Louis XIV ne conduisait jamais madame de Montespan à Fontainebleau sans souper et coucher à Petit-Bourg. Plus tard, ce fut là qu'on ramena Pierre-le-Grand, empereur de toutes les Russies, quand on l'eut ramassé mort ivre dans le pavillon de l'Étang, à Fontainebleau. Des Bourbons ont possédé Petit-Bourg, et après eux un fermier des jeux, un nommé Perrin. En 1814, le prince de Schwartzemberg trouva le lieu bon pour y camper, lui et son état-major. Enfin le banquier Aguado, un homme qui, de marchand de cigares, était devenu millionaire, et qui sut, du reste, honorer sa fortune, acheta Petit-Bourg en 1827, et en fit un musée pour loger Rossini. Il n'y mit point de meubles, presque, et laissa nus les lambris, mais partout il mit des tableaux de cent mille francs. Et tout autour du beau domaine, madame Aguado répandit quinze ans de bonheur que son mari payait sans compter. Ils refirent l'église d'Évry, qui est tout près, et les réparations achevées, l'homme que des messieurs fort étranges, à qui l'affreux cri du cygne est sans doute très peu familier, s'obstinent à baptiser le *Cygne de Pesaro*, fit une messe, belle comme il n'y a point de messe, qu'on exécuta une fois et qui fut brûlée ensuite : magnifique reconnaissance d'une magnifique hospitalité. Plus tard, les travaux du chemin de fer degoûtèrent le châtelain; il vendit Petit-Bourg, à charge de démolition, je crois, et puis il s'en alla mourir, on ne sait pourquoi, bien avant l'âge, au milieu des neiges de son pays, laissant après lui une quarantaine de millions. M. Jacques Lefebvre en fut très étonné; il ne savait pas que, si riche, on put mourir si tôt.

Encore une courte station à *Évry*; c'est la cinquième. Un peu plus loin, à l'angle d'un enclos, vous remarquerez une statue d'homme qui paraît accablé sous ce qu'il porte, une espèce d'Atlas surchargé. Ceci est un monument élevé à l'imprudent courage d'un fort de la halle au blé de Paris, qui fit un jour la gageure de porter un sac de blé de la halle de Paris à la halle de Corbeil, *huit lieues à peu près !*

et qui tomba mort à cet endroit, quand il voyait déjà grandir devant lui les maisons où sa course allait finir.

Car voici *Corbeil*. Le convoi s'arrête sous le débarcadère ; vous sortez de votre wagon, une petite porte s'ouvre à votre droite, et dans la cour où vous descendez, les deux diligences de Fontainebleau vous attendent. Prenez celle que vous voudrez ; elles partent ensemble et arrivent ensemble. Deux minutes, et les chevaux vont courir. Vous êtes venu de Paris à Corbeil en une heure, vous irez de Corbeil à Fontainebleau, même distance, en deux heures et demie. On mettait huit heures autrefois !

Vous trouvez *Essonne*, la vallée des fabriques, quelque chose qui rappelle Rouen, où personne de Fontainebleau ne passe sans acheter du pain d'épices. La côte montée, vous avez à gauche la Seine et ses beautés sinueuses, à droite un pays superbe, tantôt plaines, tantôt vallons. En approchant de Ponthierry, vous découvrez à gauche, sur l'autre rive du fleuve, une délicieuse *villa*, qu'on disait bâtie de marbre blanc, c'est *Seine-Assise*, une chose qui fait qu'on voudrait être riche pour l'avoir à soi. C'est, je crois, le prince de Beauveau qui l'a.

De *Ponthierry* à *Chailly*, c'est la plaine. Aussi les chevaux vont-ils à toute bride En sortant de Chailly, vous voyez au loin une muraille noire, formidable !.... C'est la forêt de Fontainebleau.

A gauche, avant de toucher cet horizon magnifique, vous pouvez distinguer au loin les vestiges du camp de manœuvre, qui fut tenu là en 1840 et presqu'aussitôt levé qu'assis. Je vous donne ce renseignement tout simplement parce que pour Fontainebleau un camp est une fortune, et que tout-à-l'heure vous vous intéresserez à cette belle et bonne ville.

Quant à la Forêt, je vous en parlerai peu. L'admiration qu'elle inspire vaut mieux que toutes les descriptions. Ce bois magnifique qui sert d'entrée, où l'on dirait que les arbres ont été choisis un à un par des planteurs morts depuis deux et trois siècles, s'appelle le *Bas Bréau*. Après lui vient un paysage comme jamais n'en rêva le terrible Salvator; une mer de rochers s'étend à votre droite, ce sont les *rochers d'Apremont*, à gauche le *rocher Cuvier*, le *Mont-saint-Père*. Vous montez ainsi une côte haute et rude et puis vous êtes en plein dans l'immense futaie du *Gros-Fouteau*, la plus belle masse d'arbres que la Forêt possède. Vous laissez à droite la *Fosse au Ratcau* et vous entrez à FONTAINEBLEAU par la rue de France, en cotoyant les murs chargés de géraniums du beau parc de M. Guérin, un tour de force, semé, planté, et poussé dans du sable.

En arrivant, dix hôtels vous tendent leurs portes. Vous avez à choisir entre cinq principaux. Le premier de tous, c'est l'HOTEL DE FRANCE, rue de Nemours, en face du château, une maison où la carte est bourgeoise, et la vie princière. En suite viennent le CADRAN BLEU, et l'AIGLE-NOIR, c'est là que descendent les voitures. Ce sont deux bonnes maisons, fort recommandables et très suivies. Enfin, l'HOTEL DE LYON, rue Royale, et l'HOTEL DE LA POSTE, rue de Nemours. N'oubliez pas, avant tout, que sur la place au Charbon, à deux pas de vos diligences, il y a le CAFÉ FRANÇAIS, tout plein de bonnes choses, tout parfumé de belles fleurs, tenu par la plus aimable famille qu'il vous ait jamais été donné de rencontrer. Vous trouverez là des flots de bière de Strasbourg, les meilleures cigares, du vermout, du bitter, du vin de champagne et des chevaux.

Puis entrez dans le château : adressez-vous à un des nombreux conducteurs ! dites leurs de vous faire voir :

1o La cour du Cheval-Blanc, où l'Empéreur Napoléon a fait ses adieux à la Garde Impériale, et au fond de laquelle vous admirez l'escalier en fer-à-cheval construit sous Louis XIII.

2o Les appartemens du Duc de Nemours, qui ont remplacés la magnifique galerie d'Ulisse.

3o Ceux du Prince Royal, qui servirent sous l'empire de prison au pape Pie VII.

4o La chapelle de la Sainte Trinité, construite sous François Ier et décorée sous Henry IV.

5o La galerie de François Ier avec les peintures de Rosso et les sculptures de Paul Ponce.

6o Les grands appartemens : ceux du Roi, où l'on vous fera voir la petite table sur laquelle l'Empereur Napoléon a signé l'acte de son abdication ; et ceux de la Reine, avec un joli cabinet de travail où les espagnolettes des croisées sont l'œuvre de Louis XVI.

7o La galerie de Diane construite sous Henry IV, et décorée sous Louis XVIII par MM. Blondel et Abel de Pujol.

8o En retournant sur la cour ovale, 1o la salle de François Ier avec ses jolies tapisseries des Gobelins ; 2o celle de Louis XIII, décorée par Paul Brel ; 3o celle des aides de camps, avec sa belle statue en marbre de Henry IV, par Jacquet ; 4o la salle des Gardes avec sa belle cheminée, sa riche décoration, son beau parquet et son magnifique plafond.

9o La salle de la Comédie, œuvre surannée du temps de Louis XV.

10o L'escalier du Roi avec ses peintures de Primatice et ses ornemens modernes.

11o Le riche appartement de madame de Maintenon.

12o La galerie de Henry II, construite sous François Ier, et décorée par les ordres de son fils. Là, l'Italie a apporté toute la perfection artistique du 16e siècle, et avec le pinceau de Primatice et de Nicolo-del-Abbate, elle a posé dans cet admirable monument le cachet de la renaissance des lettres, et des arts en France.

13° La chapelle de saint Saturnin, avec ses vitraux de couleur fabriqués à Sèvres, et fait sur les dessins de la princesse Marie d'Orléans, duchesse de Wurtemberg.

14° La salle d'Attente, avec ses immenses colonnes et ses ornemens sévères.

15° La porte Dorée, avec ses jolies peintures de 1528.

16° Le vestibule de Saint-Louis, avec ses ogives et sa décoration du moyen-âge.

17° Enfin, la modeste pièce rappelant le lieu où Monaldeschi, assassiné par ordre de Christine, reine de Suède, fut jeté dans les fossés du château, d'où on le retira pour aller l'enterrer dans l'église d'Avon.

Puis on descendra dans les jardins : on ira voir dans celui du Roi la magnifique fontaine en marbre blanc que Napoléon y a fait faire.

Enfin, dans le Parc : le Canal, la treille immense qui se développe sur un mur de plus de 1200 mètres.

On rentrera de suite en ville, puis on montera en calèche pour aller voir dans la forêt :

1° La vallée de la Solle et le rocher des deux Sœurs.

2° Le Bouquet du Roi.

3° L'ermitage de Franchard.

4° La Roche qui Pleure.

5° L'antre des Druides.

6° Les Gorges d'Apremont.

7° Le cabinet de Monseigneur.

8° La Table du Roi : puis on reviendra à Fontainebleau, pour aller admirer le lendemain la Gorge-aux-Loups, les bords de la Seine sur les hauteurs de Moret; le remarquable village de Thomery, avec ses murs nombreux et ses jolies treilles ; le port de Valvins avec ses bois et ses pavés ; et enfin, le village d'Avon, paroisse de Fontainebleau jusqu'au règne de Louis XIII, et dont la vieille église remonte aux siècles les plus reculés.

Avant de quitter cette ville si pleine de choses et de souvenirs, on ira dans la rue de Bourbon visiter une belle manufacture de porcelaine, établie par un savant industriel de Paris, M. Jacob. On y admirera des produits de toutes sortes, qui ne le cèdent en rien à ce qui se fabrique de plus remarquable dans l'établissement royal de Sèvres.

On ne revient pas de Fontainebleau comme on y est allé. A quoi bon se répéter ? Tous les matins, après votre déjeûner, vous verrez partir du *café Français* un convoi de voitures qui se rendent à Valvins, un joli port sur la Seine à une lieue de la ville, par un chemin de platanes en berceau. Montez dans ces voitures ; il n'y a rien à payer ; c'est le service des bateaux à vapeur qui descendent tous les jours de Montereau à Paris, charmante ligne installée là depuis deux ans par MM. Barbier et de Niéport. Vous êtes à peine descendu après avoir, en roulant, vu *Changy*, le potager de Fontainebleau, *Avon*, tombeau de Monaldeschi, les *Basses-Loges*, où vécut et mourut Bezout, le magnifique domaine de la princesse de la Trémoille, et la forêt, la belle forêt toujours... que déjà, voici venir le *Parisien*, ou sa sœur *la Parisienne*, soufflant le feu de ses poumons de fer. Embarquez-vous, et à Paris!

Vous passez sous le pont de Valvins, vous voyez à gauche les *Plâtreries*, cuisine illustre des meilleures matelottes du département ; au-dessus, sur la colline, est la *Madeleine*, un ermitage comme je vous en souhaite à tous, si vous êtes gens de bien. Puis *Samois*, un beau village, aux points de vues sublimes ; de l'autre côté *Vulaines*, où quelqu'un, peut-être, se souvient aussi de m'avoir aimé ; *Héricy*, sa belle église, son vieux pont romain, sa superbe terrasse plantée de tilleuls et ses îles ; *Barbeaux*, un monastère, sépulture de Louis-le-Jeune. A gauche, toujours la forêt ; à droite *Fontaine-le-Port*, où l'on dit le vin si bon, et puis bientôt *Chartrettes*, admirable village, jadis la perle des domaines de la famille Larochefoucauld; *Livry* et son château. A gauche, la forêt encore, et le splendide manoir de *la Rochette*, avec le village attenant, glorifié depuis plusieurs années par une de vos colonies, nobles et malheureux Polonais !

On s'arrête un moment : nous sommes à *Melun*. Vous avez vu *Vaux-le-Penil* et son parc; vous avez vu aussi cette grande caserne toute bardée de fer qu'on appelle la maison de détention.

En quittant Melun, on trouve, sur la même rive les *Fourneaux*, où Talma eut un jour la fantaisie de se mettre fabricant de tuiles; vous avez laissé à gauche ce singulier faubourg de Melun, où vivent de vieux mammeluck, qui ont gardé leurs mœurs, leur religion, toute leur existence égyptienne. Saluons ensuite les reste de l'*Abbaye-du-Lys*, fondée au 13e siècle par la mère de Saint-Louis, et dont une abbesse, Catherine de la Trémoille, oublia, dit-on, ses vœux dans les bras infatigables du vert galant Henri IV. A droite nous allons revoir *Seine-Assise* que nous avons découvert en venant; puis *Seine-Port* et son île Malaquais, Seine-Port, où est le tombeau de l'aïeul de Louis-Philippe, beau rendez-vous d'été des plus belles fleurs de la littérature, ma bonne France riche des noms de Schœlcher, de Janin, de Legouvé, de bien d'autres. Sur la rive gauche, c'est le *Coudray*, qui fut le château du maréchal Jourdan, et le *Plessis-Chenet*, autre château, aux jardins magnifiques; nous les avons rencontrés déjà en allant de Corbeil à Fontainebleau. Enfin, à droite, voici le beau, le grand, mais aussi le mutilé *Champlâtreux*.... et Corbeil.

Là, vous pouvez quitter le bateau et reprendre, si vous le voulez, le chemin de fer. Mais pourquoi? On est bien sur ce bateau! la cuisine est bonne; les divans sont doux. Laissez-vous mollement descendre; vous reverrez en chemin tout ce que nous vous avons fait remarquer du haut de votre wagon. Vous verrez de plus, sur la rive droite, *Étioles*, où naquit l'adultère grandeur de madame de Pompadour ; *Soisy-sous-Etioles*, dont le puits a fait la réputation du savant hydraulicien Degousée; *Champ-Rosay*, lié à Ris par le pont Aguado, jolie chaîne digne des deux jolies choses qu'elle attache ; *Montceaux*, château des Sully et des Polignac ; *Montgeron*, *Crosne*, où naquit Boileau ; le beau *Villeneuve-Saint-Georges* et son château de Beauregard, si justement appelé ; *Maison-Alfort*, *Charenton*, *Conflans*, manoir épiscopal, si galant depuis Harlay de Champvallon jusqu'à Juillet 1830, si modeste depuis la visite du peuple, à cette époque ; *Bercy*, enfin, son château beau comme Trianon, son parc trop utilisé, et l'énorme opulence de son village : puis, un peu avant quatre heures, le *Parisien* vous déposera au bas de la magnifique aîle gauche de l'Hôtel-de-Ville de Paris.

I.

UN PEU DU PASSÉ.

FONTAINEBLEAU !... Que ce grand nom n'effraie personne. Qu'on n'y voie point le signal menaçant de quelque vaste rétrospection des hommes ou des choses. Je ne veux pas, certainement, à propos de frivoles peintures et de légères anecdotes, enfans nés de mes fantaisies ou recueillies en passant, prendre l'honnête lecteur en traître et lui refaire l'histoire de Fontainebleau après le père Dan, après l'abbé Guilbert, après M. Jamin, après M. Vatout. Et pourtant il serait peut-être à désirer qu'un homme vînt, indépendant et laborieux, affronter les fatigues d'une pareille tâche ; car, à proprement parler, de ce que Fontainebleau a déjà eu quatre historiens, on ne saurait, sans imprudence, conclure qu'il existe une véritable histoire de cette résidence merveilleuse. Les deux premiers sont de pauvres gens qui n'ont pu dire que ce qui ne leur était pas défendu. Leur prose est misérable et leur description niaise. Le troisième écrivain, M. Jamin, s'est borné à fournir aux visiteurs un guide utile, exact, mais trop enthousiaste de ce qui vit, trop en perpétuelle adoration du présent. Quant à M. Vatout, pouvait-il, lui, un intime, un familier de la monarchie nouvelle, ne pas éteindre, au profit du restaurateur de Fontainebleau, une bonne part de l'éclat dont rayonnent ses fondateurs? M. Vatout et M. Jamin, celui-ci encore plus que celui-là, semblent donc avoir eu pour mission officielle ou volontaire, de donner Fontainebleau à Louis-Philippe, comme d'autres amis de cet heureux roi lui ont donné Versailles. C'est de la flatterie, sans doute; mais, à coup sûr, ce n'est pas de l'histoire.

Non, Messieurs, Fontainebleau n'est pas à Louis-Philippe. C'est en vain que les valets, habillés de bleu-faïence, qui ouvrent au voyageur, le moins possible, de ses douze cents portes, appellent *cabinet du roi* la chambre de l'abdication, et *appartemens des princes* le logis historique des reines-mères, où furent l'exil de Charles IV et la prison de Pie VII; c'est en vain qu'une femme de chambre de la reine ose dormir dans le lit de Joséphine et de Marie-Antoinette; c'est en vain que, par tous les lambris, par toutes les corniches, brillent plus de LP et de MA, que Louis XVIII ne trouva de N aux Tuileries quand il y entra. Fontainebleau n'est pas plus à Louis-Philippe que les fresques de Nicolo del Abbate, du Rosso, du Primatice, ne sont à M. Alaux, à M. Picot, à M. Abel de Pujol, qui les ont restaurées. Fontainebleau est toujours le rendez-vous de chasse de Louis-le-Jeune et de Philippe-Auguste, le château de saint Louis et de Charles-le-Sage, le palais de François Ier, de Henri II et de Henri IV. Louis-Philippe a soutenu les murailles qui chancelaient ; il a réparé le toit, vieux manteau de soixante mille mètres carrés, qui laissait le ciel pleuvoir par ses soixante mille trous ; il a remis partout du plâtre et du marbre et de l'or ; la liste civile a fait tout simplement son devoir de bon locataire. Napoléon avait bien apporté pour huit millions de meubles, et rebâti l'immense galerie de Diane ! Avouons, au reste, car il faut être juste envers tout le monde, que la plupart des restaurations opérées, l'ont été, sinon avec science, du moins avec goût quelquefois, avec magnificence toujours. On aurait bien à signaler quelques colonnes en bois creux, quelques sculptures en carton-pierre, choses assez indignes d'une semblable demeure. Mais passons là-dessus : la manie du siècle est de tromper l'œil ; trop heureux quand il n'y a que l'œil de trompé.

Oui, certes, il y aurait à faire une magnifique histoire de ce château, assemblage de tant de châteaux, immense, irrégulier et de tous les âges, comme une vieille ville. Le prendre quand il fut une simple tour ronde, grossièrement érigée au milieu de la forêt, dominant trois cabanes et une fontaine où venaient boire les chiens du roi, aboyante armée qui donnait à ces sortes de constructions son nom de *Meute* ou *Meutte*, dont le vulgaire a fait *Muette*, le bois de Boulogne a sa *Muette* aussi. Montrer Louis VII alors, et cette monarchie ancienne, aux mœurs si modestes, qui trouvent un chenil bon pour leur servir de demeure, et l'augmentent seulement d'une chapelle que le fier ennemi d'un autre roi, Thomas Becket, consacre. La chapelle de Saint-Saturnin, charmant boudoir religieux, tendrement éclairé aujourd'hui par des verrières qui rappellent une gracieuse jeune fille et un grand artiste, Marie d'Orléans. Puis vient Philippe-Auguste, et déjà la cour le suit plus nombreuse ; on tient presque maison montée ; les débris du pain qu'on mange valent déjà la peine d'être distribués aux pauvres. L'hospice de Nemours profite de cette royale générosité. Arrive un autre Louis, que les prêtres ont fait saint et qui ne fut qu'un assez mauvais roi, laissant tailler et déchirer ses peuples pour le plaisir d'aller gagner la peste chez des gens qui ne le connaissaient pas; et Louis IX ajoute une chapelle à celle de son prédécesseur, Louis VII ; il s'enferme là pour rêver et prier, tandis que sa mère, l'Espagnole Blanche, gouverne et rit de lui avec Thibault et ses autres amans ; il mène à Fontainebleau, qu'il appelle *ses Déserts*, la sombre vie d'un hypocondriaque, prenant la haine des hommes pour l'amour de Dieu ; il rend la justice sous un chêne, comme à Vincennes; il élève son fils gravement et tristement, dans la peur du diable et des femmes; enfin, il fonde un hôpital, peut-être pour y mettre les pauvres blasphémateurs, auxquels il faisait couper la langue, ou des courtisanes qu'on fouettait par les rues en son nom, et les mendians, et les lépreux, si sévèrement punis alors, les uns d'avoir faim, les autres d'être malades.

Cependant le domaine s'agrandit toujours. C'est déjà royal; c'est déjà presque beau. On avait le repos, la chasse, les promenades, la prière : Charles V apporte l'étude. Il fonde une bibliothèque à Fontainebleau, et Paris n'en a pas encore, et Paris est jaloux! Paris demande les précieux livres; Charles VI les donne au Louvre, mais Louis XI les remporte. Ce n'est pas fini : Louis XII aimait Blois, il envoie la bibliothèque à Blois, Enfin François Ier la fait revenir à Fontainebleau et elle y reste.

Le château devient palais alors; l'amour a soufflé sur le vieux manoir et le vieux manoir s'est transformé. On n'abat point; toutefois, on ajoute. Les sombres tours de Louis-le-Jeune et de Philippe-Auguste, le bâtiment de saint Louis, où naquit et mourut le brûleur des Templiers, Philippe-le-Bel; la vieille chapelle de Saint-Saturnin; celle plus moderne des Mathurins, sont les racines saintes, les pivots sacrés sur lesquels vont s'élever les constructions nouvelles. La chambre de Louis IX restera même la chambre du roi, filiale piété assez méritoire, car le bienheureux pestiféré n'aimait point la lumière, et cette chambre est un tombeau. Le vainqueur de Marignan, le vaincu plus glorieux de Pavie, l'hôte magnifique de Henri VIII au camp du Drap-d'Or, institue la plus belle de ses maîtresses,

Anne Pisseleu, duchesse d'Étampes, juge suprême, souverain arbitre des prodiges qu'il veut accomplir. Tout l'or des hérétiques y passera ; au roi les biens de ceux qu'on brûle, et la moitié de la France est à brûler, si l'on veut. A l'œuvre donc ! l'hérésie donnera l'or, la forêt donnera la pierre et le bois ; mais les artistes, qui les donnera ? La France n'en a pas, s'écrie Anne Pisseleu, la France n'en a jamais eu et l'Italie en est pleine !... Et le roi envoie ses ambassadeurs en Italie. La duchesse avait menti, cependant. La France avait Philibert de l'Orme ; la France avait eu Jean Saint-Romain le statuaire, et Jacques de Chartres, et Guy de Dammartin. Jean Juste de Tours venait d'exécuter le tombeau de Louis XII à St-Denis, chef-d'œuvre que notre manie de tout donner aux autres attribua si longtemps à l'Italien Paul Ponce. La France avait Jean Cousin, rien que cela ! elle avait Bontemps, le divin Pierre Bontemps, qui, oubliant l'ingratitude de son roi, voulut l'agenouiller si beau à côté de la belle reine Claude, sous l'immortel mausolée que venait de leur bâtir son ami Philibert. La France avait Pierre Lescot, qui rêvait déjà le Louvre ; la France avait Jean Goujon, enfin ! Voilà des imagiers, on ne savait pas encore dire des sculpteurs ; voilà des maçons, on ne savait pas dire des architectes ! Mais les peintres, où étaient-ils ? Cherchons. Les noms ne viennent plus en foule. La peinture serait donc un art moins français, comme la musique ? c'est possible. Les couleurs sont filles du soleil, la voix aime les nuits tièdes et parfumées. Pourtant nous avions Bachelier, le Michel-Ange toulousain, élève du Michel-Ange de Florence; nous avions Dominique Barbier qui fut aussi statuaire et que les Toscans nous ont pris, sous le nom de *Domenico il Barbiere*, ou *del Barbiere*. C'est de Barbier qu'était le fameux mausolée des princes de Lorraine, au château de Joinville, mis en pièces dans les folles vengeances de 1793.

Il vint donc d'Italie une armée d'artistes. Le fier Buonarotti dédaigna d'en être le général. Il déplaisait au peintre du *Jugement dernier* d'aller servir de décorateur aux voluptés d'une favorite. Mais le vieux Léonard de Vinci ne sut pas résister aux prières dorées des envoyés de François : il partit, et avec lui, leur saint patriarche, partirent Nicolo del Abbate, André del Sarte, François Salviati, Paul Ponce Trebati; il Rosso, le grand Rosso, le maître du Primatice; l'architecte Sébastien Serlio; Vignole, bien autrement célèbre; Augustin della Robbia, le peintre sur faïence; Benvenuto-Cellini; enfin Primatice et sa suite, les Ruggieri, les Caccianemici; un élève de Raphaël, Gian-Bastista de Bagnacavallo; Prosper Fontana, qui fut le maître de deux des Carrache, Louis et Augustin, et vingt autres.

Fontainebleau n'a rien de Léonard de Vinci, ni d'André del Sarte, ni de Salviati : Les deux premiers allèrent au Louvre, et le troisième, à peine arrivé, s'en retourna, indigné du salaire qu'on osa lui offrir. Parmi les autres, Philibert de l'Orme enrégimenta ceux qui étaient imagiers ou maçons, et le Rosso, et les peintres. Mais le Rosso, l'admirable Rosso devait mourir avant l'âge, et son élève Primatice convoitait déjà sa succession. Les deux plus hautes qualités du Primatice étaient l'ingratitude et l'envie. C'est à elles qu'il doit son immense renommée, et non pas à son talent, car il n'a jamais été bon peintre, cet homme. Mais l'ingratitude lui fit renier son maître, et l'envie calomnier ses rivaux avec une infatigable activité; il finit ainsi par tuer l'un et par absorber les autres. Souple, bas, caressant avec les grands autant qu'il était arrogant et brutal dans l'atelier, il amena peu à peu François et sa maîtresse à ne plus croire, à ne plus voir que lui; la religieuse obéissance, l'abnégation quasi-fanatique de ses élèves firent le reste. Car les élèves, à cette grande époque de l'art, où, pour un charlatan comme Primatice, on comptait vingt hommes de génie, les élèves étaient vraiment la reproduction, la multiplication du maître; ils lui donnaient toutes leurs beautés, et copiaient de lui jusqu'à ses défauts; un peintre qui avait vingt bras pour exécuter sa pensée et quelquefois vingt têtes pour l'y puiser. Et ces modestes ouvriers travaillaient ainsi tout le tems voulu, sans jamais rien revendiquer de la gloire qu'ils avaient contribué à fonder. Ainsi s'explique le nombre, souvent si embarrassant des tableaux attribués à un même maître. Ainsi Jules Romain est pour moitié peut-être dans les fresques de Raphaël au Vatican; la fameuse bataille de Constantin, entre autres, est due, presque tout entière, à son pinceau : l'histoire dit-elle que Jules Romain ait réclamé contre Raphaël ? Non pas, certes : l'adorable élève eût payé de son sang aussi complaisamment que de son génie les leçons qu'il avait reçues, et Raphaël, l'inspirateur de tant de puissances, nous apparaît aujourd'hui couronné de ses élèves dont la renommée illumine son front radieux.

Aujourd'hui les choses ne se passent plus ainsi ; chaque artiste est réduit à ses propres forces, et la fresque de M. Delaroche, au palais des Beaux-Arts, est bien vraiment la fresque de M. Delaroche. Il faut le croire, au moins, car si quelque autre que lui y eût mis la main, le lendemain tous les journaux l'aurient su.

Le Primatice a donc attaché son nom à tout le Fontainebleau de François Ier et de Henri II. On lui donne la galerie de François Ier, que le Rosso avait quasi achevée quand il mourut; on lui donne la salle des Fêtes, autrement dite galerie de Henri II, qui fut construite par Philibert de l'Orme, et peinte par Nicolo del Abbate. On lui donne les peintures de la Porte dorée, qui sont encore du Rosso. On lui donne tout, je vous dis ! Il devint riche et il est grand, l'habile homme ! Vivant, il eut de François Ier l'abbaye de Saint-Martin, un royal bénéfice, par Jupiter ! Mort, l'histoire, cette vieille dupe a fait de lui le fondateur de l'école de Fontainebleau, si fameuse dans les arts. Parmi ceux qu'il a volés, les uns n'ont pas osé, les autres n'ont pas daigné se plaindre : et tout a été dit. Un seul, de tous ces pauvres grands artistes, a décliné hautement le servage que l'abbé de Saint-Martin leur imposait. Celui-là, c'est Cellini. Patricien par le sang, tour-à-tour et bientôt tout ensemble orfèvre, musicien, graveur, statuaire, ingénieur, poète, soldat, moine, las de la débauche et se mariant, puis las du mariage et se replongeant dans la débauche, Cellini, il faut en convenir, ne devait pas être d'une nature extrêmement facile et maniable. Lorsque les envoyés de France vinrent en Italie recruter pour le roi François, Cellini, déjà assez mal en cour sainte, se décida à les suivre, comptant sur la protection du Rosso, qui lui devait quelque reconnaissance. Un jour, le Rosso, en plein Vatican, s'était permis de blâmer la manière de Raphaël; des élèves de Sanzio l'entendirent, et l'eussent tué certainement, sans l'intervention des deux poignets de bronze de l'imagier Cellini. Reçu moins bien qu'il ne s'y attendait, apparemment, ou pour une autre cause, par caprice peut-être, le futur auteur du *Persée* s'en retourna, à petit bruit, comme il était venu. Et puis voilà que les Allemands pillèrent Rome, et qu'on enferma Cellini dans un cachot bien noir du château Saint-Ange, sous la fort malhonnête accusation d'avoir volé les joyaux du Saint-Père. Le pape, une facétieuse personne, avait trouvé joli ce moyen d'empêcher son cher Benvenuto de quitter Rome à l'avenir.

Cependant le Rosso, qui d'abord avait fait chercher le fantasque Cellini par tout Fontainebleau, la forêt, Melun, Paris et le reste, apprenant son triste retour à Rome, demanda au roi de le faire revenir. Le cardinal duc de Ferrare, Hippolyte d'Este, fut chargé de la négociation, et le pape, à son grand regret, relâcha Cellini, qui revint en France, accompagné cette fois de ses deux meilleurs élèves, Ascanio de Tagliacozzo et Paolo Maccherani.

Arrivé à Fontainebleau, il se fait présenter par le cardinal, et, comme échantillon de ce qu'il peut entreprendre, il offre au roi une aiguière d'argent, véritable merveille d'orfèvrerie. François Ier loue fort cette belle besogne, et dit à Cellini de se divertir quelques jours, pendant lesquels on avisera à lui trouver des travaux dignes de son talent. Cellini fait comme il est dit, et suit la cour de château en château, de chasse en chasse, logeant le plus souvent à la belle étoile ou campé sous un lambeau de tapisserie, comme les bohémiens, avec un chariot pour chambre à coucher. François Ier traînait après lui une douzaine de mille hommes ; et plus, dans les cas extraordinaires.

Après avoir séduit cinq ou six femmes, s'être battu tous les jours et grisé toutes les nuits à ses frais, pendant près d'un mois, il s'enquiert enfin de ce que le roi, qui l'héberge si mal, fera de lui. Le cardinal parle à Sa Majesté, et rapporte au sculpteur l'offre de trois cents écus par an sec et net, Trois cents écus par an à

Cellini, au grand Cellini, qui avait frappé des monnaies pour tant de peuples, fondu tant de dieux en colosses, fortifié tant de villes !... C'était une honte.

— Quel roi est-ce donc que ce roi ? s'écrie Benvenuto ; il est plus marchand qu'un Médicis !

Indigné, hors de lui, il appelle ses deux élèves, leur donne tout ce qu'il a, leur défend de le suivre, et s'enfuit au grand galop, décidé à se faire moine ou brigand, rêvant toutefois dans sa fièvre un magnifique crucifix qu'il exécuta depuis, et qui est, je crois, à l'Escurial.

Mais le cardinal d'Este a raconté cette grande colère au roi, qui a beaucoup ri. On court après le fuyard ; on le ramène, non point par des offres, mais par des menaces, avec des archers, des cordes et la prison au bout du chemin : une courtoisie toute royale. Vaincu par la puissance de ces argumens, Benvenuto se laisse conduire, silencieux et la tête basse. Le cardinal l'attendait à la porte du palais que Serlio venait de lui bâtir, splendide demeure dont les ruines sont encore aujourd'hui naïvement appelées *le Ferrare.*

— Notre roi très chrétien, dit Hippolyte d'Este, en souriant de l'air grimaud de son protégé, vous accorde le même traitement qu'avait Léonard de Vinci, c'est-à-dire sept cents écus ; de plus, il vous paiera tous les ouvrages que vous ferez à son service, et pour les frais de votre voyage, il vous gratifie de cinq cents écus d'or.

— Parlez-moi de cela, répond l'imagier en ôtant son chapeau. A la bonne heure! Voilà qui est raisonnable. Allons dîner.

Le lendemain, il va au château. Le roi cause longtemps avec lui, dans cet italien de cuisine que Sa Majesté parlait si bien, et lui commande douze statues de dieux et de déesses en argent, pour mettre autour de sa table, au lieu de candélabres. Ces statues devaient être grandes comme des hommes, et de la taille juste de Sa Majesté. François tenait à ne pas être plus petit que Jupiter.

Puis le roi lui dit de chercher à Paris un local convenable pour y établir sa fonderie et ses ateliers, près du Louvre, autant que possible. Cellini trouva l'hôtel de Nesle, et sa tour, que Mlle Georges a rendue si fameuse. Mais l'hôtel de Nesle avait des habitans, et ces habitans ne voulaient point déloger. Cellini cria, hurla, menaça, frappa même; ceux-ci, qui étaient des gens notables, issus de nobles et de bourgeois, tinrent bon, répondant aux menaces par des horions, aux coups de poings par des coups de pointe. Le sculpteur vint se plaindre au monarque.

— Qui êtes-vous? demanda François avec un sérieux de glace. Comment vous appelle-t-on, mon ami?

L'artiste, qui croyait trouver son monarque aussi chaud de sa colère qu'il l'était lui-même, resta là, bouche béante, tout *disanimato*, comme il dit.

— Eh bien donc!... votre nom? répéta le roi, toujours prêt à rire, même quand pleuraient à ses genoux les femmes qu'il avait déshonorées, même quand, assis au balcon vis-à-vis de l'Estrapade, il voyait les os des hérétiques jaillir au ciel avec leur sang. L'habitude de vivre dans la compagnie de Triboulet !

— Sire !... mais .. je suis Benvenuto..., dit le sculpteur stupéfait.

— Oh ! reprit Sa Majesté, si vous êtes ce Benvenuto dont on m'a tant parlé, faites à votre guise, foi de gentilhomme ! Je vous en donne pleine licence.

Là-dessus, Cellini s'en retourne à l'hôtel de Nesle, en nombre et en force, cette fois ; et il vida la maison bien en licence, car il jeta par les fenêtres les meubles et les habitans !

Cependant l'œuvre avançait. Le roi avait vu les modèles des statues de Jupiter, de Mars, de Vulcain, d'Apollon, et il était ravi, et il ne jurait plus que par Cellini, et Primatice était oublié. Les lingots d'or et d'argent allaient s'empiler dans les ateliers du château de Nesle. Ascanio et Paolo, les élèves favoris du grand imagier, étaient entrés au service du roi, à cent écus d'or chacun. Le maître florentin avait mis au défi les fondeurs français et les avait vaincus ; et ces fondeurs, qui étaient de vieux maîtres aussi pourtant, venaient, eux et leurs élèves, faire foule au château de Nesle pour voir travailler Cellini. Infatigable dans les mille expressions de son génie, en même temps qu'il modèle, bat, fond, coule la terre, et l'argent, et le fer, et le bronze, Benvenuto imagine pour ce palais de la *Fontaine Belle Eau* une porte qu'il montre au roi, et que celui-ci, dans son admiration, déclare digne de fermer le Paradis; une fontaine, comme jamais n'en rêva l'antiquité! Cette fontaine, c'était le roi en dieu Mars, fait de bronze, haut de cinquante-quatre pieds, debout et triomphant, entre quatre groupes : la Sagesse et les sciences; la Sculpture et les autres arts du dessin; la Musique, l'amour qu'elle inspire et les passions qu'elle calme; enfin la Magnificence, cette vertu royale qui honore et récompense le génie. La porte a été commencée. Le bas-relief qui devait la couronner fut mis au château d'Anet par Philibert de l'Orme : il est au Louvre à présent, et décore la fameuse tribune supportée par les cariatides de Jean Goujon, notre Cellini, à nous autres. Le modèle du colosse a existé. Il effrayait tout Paris, qui voyait son énorme tête par-dessus les bâtimens du château de Nesle, vieille demeure où, depuis Marguerite de Bourgogne et ses deux sœurs, revenait, disaient les bonnes femmes, un malfaisant esprit appelé *le Bœuf*, lequel n'eut jamais aucun rapport, je vous prie de le croire, avec son homonyme l'ex-député de Fontainebleau.

Un jour, Ascanio, comme un malicieux rapin qu'il était, s'avisa de rendre le Bœuf visible en plein midi. Il cacha le matin, une jeune fille dans la tête du colosse, et comme elle allait et venait là dedans, les yeux de la figure semblaient regarder et se mouvoir, de telle façon que les passans épouvantés se signaient, jurant qu'un diable avait pris logis dans le colosse; *un bon petit diable, en effet*, dit Cellini dans ses Mémoires, *et fort bien apprivoisé.*

Ne sachant trop comment récompenser cet homme, le roi envoya un de ses secrétaires porter à Cellini des lettres de naturalisation. L'artiste vit venir le fonctionnaire en grande pompe, et fort intrigué de tant de cérémonies, il ne savait vraiment sur quel siége assez beau le faire asseoir. Mais quand l'officier de Sa Majesté eût exhibé le précieux cadeau dont l'avait chargé son maître, le sculpteur fit la mine du poisson de Hugo quand il voit une pomme, et demanda à quoi cela pouvait lui servir? Ce que le roi sachant, il fit investir Cellini de la seigneurie du château de Nesle. Ceci était beaucoup plus clair.

Toutes ces faveurs faisaient des nuits horribles au Primatrice. Le Rosso venait bien de mourir; mais comment chasser Cellini? Le sculpteur était aussi bien vu par la duchesse que par le roi; les maîtresses des monarques sont comme celles de tout le monde, sensibles au bruit de l'or, au feu des bijoux; et le Primatrice, qu'on n'appelait encore que *maître Bologne*, du nom de sa ville natale, n'avait pas, comme Cellini, le talent de forcer les métaux à se changer en fleurs. Mais ce que la belle Anne Pisseleu aimait au-dessus des bijoux et de l'or, c'était qu'on lui rendît hommage à genoux et mains jointes, c'était que le pinceau et le ciseau s'humiliassent devant sa beauté souveraine, aussi bien que la plume, et la toge, et l'épée. Elle s'était donné Fontainebleau, cette femme, et voulait qu'on lui soumît jusqu'à la moindre parure de ce qu'elle appelait sa demeure. A elle de choisir, au roi de payer. Aussi, chaque matin à son lever, avait-elle maître Bologne et son monde, déférant pieusement à Vénus les conceptions de Minerve, déposant humblement ses travaux d'ingénieur aux pieds d'une femme qui savait très peu lire, quoiqu'elle fût, disaient ces messieurs, *la plus belle des savantes et la plus savante des belles.*

Cellini fit d'abord comme tout le monde. Et puis trouvant la duchesse une femme sans élévation, sans idées, sans goût, il avait fini par secouer ce vasselage indigne des arts. Seulement il continuait ses cadeaux, pensant que la déesse priserait plus les offrandes que les prières. Ainsi le fameux projet de fontaine, celui de la porte et d'autres encore, alèrent droit au roi sans avoir préalablement salué la favorite. Maître Bologne s'empressa d'en instruire la très haute, très insolente et très puissante dame, et tout aussitôt Cellini devint bon à jeter aux chiens.

Pendant un mois, le roi eut à subir sa maîtresse criant et pleurant après cet arrogant ce fou, tout prêt, si on le laissait faire, à ruiner la couronne en fantaisies grotesques. Il résista d'abord, et pus il faiblit. Benvenuto, averti par le cardinal de Lorraine, car Hippolyte d'Este n'était plus trop son ami, veut conjurer l'orage. Il va chez la belle irritée, un vase d'argent à la main ; on veut bien de son vase, mais on ne veut pas de lui. Il attend. La duchesse dîne ; il attend encore. Après dîner, elle va chez le roi ; il attend toujours ! Mais la colère lui arrive avec la faim ; il donne le vase au cardinal, la duchesse au diable et s'en va dîner à son tour.

Du coup, maître Bologne s'appela le Primatice ; Cellini était supplanté. Tandis que l'imprudent dînait, la duchesse obtenait pour son rival la porte, la fontaine et le reste ; enfin l'héritage complet de son maître le Rosso, avec droit d'examen sur les travaux de Serlio et de Philibert de l'Orme

Dès que Benvenuto eut appris cela, il vint trouver Primatice et voulu le tuer, tout simplement. L'autre, qui était plus intrigant que brave, demanda un congé au roi, sous prétexte d'aller chercher en Italie la copie en bronze des antques les plus célèbres, tels que le Laocoon, la Cléopâtre, l'Apollon, la Vénus, l'Hercule Commode, etc. Il les rapporta, en effet, et ce cortége de chefs-d'œuvre ne servit qu'à faire trouver plus beau le Jupiter de Celini. Mais le grand artiste était dégoûté. Il avait rêvé tout un palais ; il ne lui restait plus que des staues. Il fit sa porte, qui ne servit point ; et puis, le roi eut beau le retenir, le menacer, le prier, il partit.

Ainsi fut rendu inutile le séjour à Fontainebleau du plus

grand artiste qu'avec Michel-Ange et Raphaël, la Renaissance ait donné au monde. Et quand les yeux du visiteur s'arrêtent dans le palais sur la chambre dite d'Alexandre, aujourd'hui un escalier, et qui fut la chambre de la duchesse d'Etampes, à la vue des maigres et longues nudités dont maître Bologne a peuplé ces murailles, et que, dans sa pudeur septentrionale; Marie Lescinska fit voiler, le visiteur se demande tout bas, sans la trouver, l'explication de la gloire du Primatice. Cette explication, je viens de la donner. Un jour peut-être aussi, M. Fontaine sera célèbre. On ne pourra pas s'empêcher de trouver grand l'homme qui fut l'architecte de Napoléon et celui de Louis-Philippe. M. Fontaine aura été un Primatice à sa manière avec plus de cœur et de probité, voilà tout : et si on a pu reprocher à maître Bologne la porte dorée de Fontainebleau enlevée à Cellini, nous pourrions bien quelque peu reprocher à M. Fontaine le plafond du Théâtre-Français enlevé à Chenavard. Ni le Primatice, ni M. Fontaine n'ont volé ceux qu'ils supplantaient; mais hélas! à côté des dessins de Chenavard et de Cellini, qu'est-ce que le plafond de M. Fontaine, qu'est-ce que la porte du Primatice?

Mais pourquoi regretter quelque chose, bon Dieu! Pourquoi accuser quelqu'un! Qu'importe donc que ce soit Cellini ou un autre? Fontainebleau a eu son époque de dévastation, sa Terreur; non pas la Terreur de 1793, au moins : celle-là n'a fait qu'ôter des salamandres et gratter des fleurs de lis ; elle a pris de plus trois ou quatre bronzes, assez beaux malheureusement, et elle les a fondus en canons. La Terreur de Fontainebleau s'est appelée Louis XV !

François Ier avait déjà fait de ce palais une si belle chose, que lorsqu'il y reçut Charles-Quint, celui-ci se repentit de n'avoir pas davantage rançonné un *tant riche monarque*. Ce fut pendant cette visite de Charles-Quint que la duchesse d'Estampes, la même toujours, donna au roi le noble conseil de garder prisonnier son hôte, afin, disait-elle, de le forcer à refaire le traité de Madrid. L'empereur le sut de la bouche même de François, et, comme dit fort spirituellement M. Jamin, il jugea nécessaire de se rendre la duchesse favorable. Donc, le soir, au moment où on allait se mettre à table, il laissa, en se lavant les mains, tomber une bague de très grand prix ; et comme la duchesse, l'ayant ramassée, la lui présentait après l'avoir toutefois curieusement et désireusement regardée : — Je vois bien, Madame, dit Charles-Quint, que cet anneau se cachant en si belles mains veut changer de maître ;..... qu'il vous plaise donc de le garder.

La duchesse fit la révérence, et trouva que l'empereur était un homme charmant.

François Ier était mort comme meurent presque tous les rois qui meurent sur le trône, seuls, maltraités, vieux astres éteints qu'on délaisse ; il était mort de cette mort affreuse qui a rendu si célèbre l'histoire de

Féron et de sa femme, la belle Féronne ou Féronnière. Mourant, il avait légué à son fils Henri II Fontainebleau à finir, et Diane de Poitiers à consoler. Henri II exécuta pieusement ces deux charges de l'héritage paternel ; et le chiffre de Diane, qui se trouve enlacé à celui de Henri, prend à témoin tous les lambris de la magnifique demeure que la fille de Saint-Vallier avait crié de grand cœur : *Le roi est mort, vive le roi!* Henri II avait passé, et François II aussi, sans laisser à Fontainebleau, celui-ci, d'autre souvenir que la potence érigée par le cardinal de Lorraine pour pendre en face du château ceux qui s'aviseraient d'en venir tourmenter les augustes hôtes pour quelque arriéré de solde ou autre. La liste civile moderne, toujours si gênée, la malheureuse! ne sait pas cette commode manière de soulager son budget. Elle rechigne, mais elle paie. Elle est justiciable des tribunaux comme vous et moi, ô irrévérence ! Seulement, quand vient le vil exploit du vil huissier, il trouve un pair de France, noble prête-nom, qui la couvre. La monarchie constitutionnelle est une belle chose !... Charles IX avait passé, le jeune tigre, enlevé tout enfant de ce château, lui et sa mère Catherine, par Guise, Saint-André et Anne de Montmorenci. Henri III avait passé; Henri IV était venu, et avec lui Gabrielle d'Estrées. Encore une femme, encore une fée pour le royal domaine. D'immenses constructions s'étaient élevées. Au château des duchesses d'Etampes et de Valentinois, qui faisait le troisième déjà, on avait ajouté celui de la duchesse de Beaufort, qui ne fut, certes, ni le moins riche, ni le moins galant des quatre. On n'avait emprunté à l'Italie ni rien, ni personne cette fois. Fréminet, Dubreuil, Ambroise Dubois et le Flamand Paul Bril, voilà les peintres : Germain Pilon, voilà le sculpteur : avec eux, cent élèves, tous Français.

La chapelle de la Trinité était sortie splendide de leurs mains savantes, magnifique réponse du roi de France à l'ambassadeur d'Espagne, qui lui reprochait de loger sa maîtresse mieux que Dieu. Et puis elle était partie, la charmante Gabrielle, pour aller faire ses Pâques à Paris : elle avait tristement descendu la rivière depuis Valvins, et elle était morte, en arrivant chez Zamet, rue Saint-Antoine, de ces maux d'entrailles qui ne viennent qu'aux favorites et dont la cause figure, dans la médecine légale, à l'article *Poisons*. Le grand Sully ne pleura point cette mort. Alors, après quelques semaines de deuil, était venue la jolie Henriette d'Entraigues, ramenant les ris et les jeux dans la chambre du roi et les soucis sur le front du ministre. Divorcé d'avec sa femme Marguerite, Henri avait déjà voulu épouser Gabrielle ; il voulut aussi épouser Henriette ; mais Sully refusa son consentement, et la marquise de Verneuil, d'abord furieuse, se tut, parce qu'elle eut peur de mourir comme était morte Gabrielle : crainte frivole, certes, mais qui prouvait la puissance du ministre..... Car Sully était le vrai roi !

Henri IV tremblait devant cet homme; on se tromperait fort en croyant qu'il l'aimait. S'il l'eût aimé, il l'eût sacrifié. L'amitié de Henri était funeste, comme son amour. Le glorieux renégat fit bien couper la tête à Biron, son compagnon, son frère d'armes, qui lui avait sauvé la vie à Fontaine-Française! Henri IV aimait Sully comme son fils Louis XIII aima Richelieu, comme Napoléon aima Talleyrand, Louis XVIII Fouché, et. . . . . mais assez de comparaisons. Donc, Louis XIII était né dans le merveilleux salon des Amours de Théagène. La grande alliance rêvée par Sully était consommée. Une belle œuvre, en effet, que d'avoir uni la maison de Bourbon à la maison de Médicis, la lignée de Robert-le-Fort à celle du charbonnier de Florence, les trois fleurs de lys d'or aux cinq pilules de sable! Monsieur, Maximilien de Béthune, les d'Entraignes, les d'Estrées étaient plus nobles que cela! Et le fils de Marie de Médicis était mort après avoir laissé tuer sa mère par Richelieu, un terrible ministre aussi; et, quelque temps avant cette mort de Louis XIII, Fontainebleau avait vu passer, sur les épaules de dix-huit gardes-du-corps armés et la tête nue, une grande boîte rouge, dans laquelle on portait un grand homme rouge qui s'en venait mourir comme les autres. Et la France avait eu un jeune roi, appelé Louis XIV, qui passait pour n'être rien moins que le petit-fils de Henri IV; et le petit Louis XIV, étant venu à Fontainebleau, avait logé sous son toît une reine sans royaume et déjà vieille, nommée Christine, et cette reine sans royaume eut l'audace de faire massacrer un homme dans le palais du roi de France, et ne fut pour cela ni saisie, ni fouettée, ni chassée : loin de là, bon Dieu ! il se trouva un homme ignoble, le fils d'un muletier, Jules Mazarin, qui, le lendemain, prit le roi par la main et l'emmena saluer Christine de Suède, dans cette même galerie des Cerfs, peut-être encore retentissante des cris de Monaldeschi. Un sceptre venait assurer l'autre de leur mutuelle inviolabilité ! Enfin Louis XIV, déjà grand, étant allé un jour à Vaux-le-Vicomte, avec sa mère, avait trouvé le château de Fouquet si insolemment beau, qu'en revenant chez lui, il avait appelé Lenôtre, Mansard, Lebrun, Mignard, tout le monde, pour replanter, repeindre ' redorer partout dans Fontainebleau, en attendant qu'on lui fît ses châteaux à lui : Trianon, Marly, Versailles. Voyez, au reste, comme les demeures royales deviennent belles, dès que l'amour peut s'en ouvrir les portes ! Sous le froid Louis XIII, rien ; sous Louis XIV, des merveilles : La Vallière était là, et, après La Vallière, Maintenon.

Eh bien ! Louis XV trouva Fontainebleau tel que l'avaient fait tous ces rois, tous ces artistes, toutes ces femmes, un historique trésor de grandeur et de gloire, et il y mit le marteau. Il jugea trop petites les portes de la chambre des Amours de Théagène, ce bijou d'Ambroise Dubois et de Paul Bril ; des portes où

Henri IV et Louis XIV avaient passé pourtant ! Mais qu'était-ce que Henri IV, qu'était-ce que Louis XIV, comparés aux paniers de Mme de Pompadour ? On déchira quatre tableaux et les paniers passèrent. La galerie des Cerfs, où, sur deux cent soixante pieds de long, Dubreuil avait peint, en perspective cavalière, les châteaux et forêts de Fontainebleau, de Follembray, de Compiègne, de Villers-Cotterets, de Blois, d'Amboise, de Chambord, de St-Léger-Montfort, de Charleval, de Monceaux, de Verneuil, de Madrid au bois de Boulogne, de St-Germain, de Vincennes, les Tuileries et le Louvre, des plans qui sont aujourd'hui perdus pour la plupart, la galerie des Cerfs disparut dépecée en ignobles petites chambres à lambris badigeonnés, avec des bergers galans en dessus de porte. La salle des Fêtes fut fermée ; on laissa moisir ses fresques et pourrir ses boiseries. La chambre de saint Louis, consacrée par le respect de tant de siècles, fut travestie, défigurée, déshonorée. Et ils ne s'arrêtèrent pas là, les vandales ! Ils osèrent abattre la galerie d'Ulysse, cet immense chef-d'œuvre où Philibert de l'Orme, Serlio, Vignole, le Rosso, Nicolo, le Primatice et son armée avaient reuni toutes leurs puissances ; la galerie d'Ulysse, longue de quatre cents pieds, avec les aventures d'Ulysse racontées sur sa voûte en cinquante-huit tableaux ! Et c'était en plein dix-huitième siècle ; et ces gens, et ce roi, et cette cour se vantaient de leur goût pour les arts ! Roi de vaudeville ! cour de rouge et de mouches ! bien dignes d'avoir pour souveraine une Jeanne Vaubernier ou mademoiselle Poisson ! Monde de carnaval, né des orgies de la Régence et qui sentait déjà venir les orgies du Directoire !

Voici, du reste, comment un témoin de cette dévastation monstrueuse, le comte Algarotti, la racontait :

« J'ai revu encore une fois à Fontainebleau les admirables peintures de notre Nicolino (Nicolo del Abbate) : elles avaient encore la fraîcheur, le relief et la force de coloris qu'elles possédaient quand Vasari les décrivait; elles étaient toujours aussi dignes d'être recouvertes de riches rideaux (cortinnagi) comme le voulait Verdriani, dans le siècle passé. Les aventures d'Ulysse, racontées par Homère, étaient le sujet de ces peintures. Je ne puis exprimer le plaisir que j'éprouvai à admirer cette poésie visible. Cependant, si j'eusse tardé seulement de quelques heures, c'en était fait, et j'aurais eu à en déplorer à jamais la perte. Les maçons étaient déjà sur le toit de la galerie qu'ils démolissaient; les débris de la voûte du monument tombaient sur nos têtes, et il fallut supplier les ouvriers de suspendre un moment leur dévastation, pour nous procurer le plaisir de contempler une dernière fois le chien fidèle qui flatte et reconnaît son vieux maître, de voir Ulysse qui, ayant tendu son arc puissant, défie les efféminés prétendans à la main de Pénélope, et tant d'autres miracles si vrais de cette haute peinture :

Antiphatem Scyllamque et cum cyclope Charybdim.

» Encore si l'on avait, ajoute Algarotti, chargé quelque habile artiste de dessiner fidèlement et de graver ces peintures avant de les détruire! Quand les moines noirs de Parme voulurent agrandir la cour de l'église St-Jean, ils eurent le soin, avant de faire démolir le vieil édifice, de faire copier par les Carrache les peintures du Corrège qui la décoraient, et l'Aretusi se servit de ces copies pour orner la coupole du nouveau bâtiment. Mais en France, personne n'a copié Nicolo! Ainsi, quelques jours avaient vu détruire à jamais l'admirable travail qui a coûté de si longues années à ces grands peintres, émules d'Homère, et que François Ier avait attirés d'Italie pour illustrer son règne. »

La Révolution, si injuriée, n'eût pas fait ce qu'a fait Louis XV. Elle s'en prenait aux insignes monarchiques et respectait l'art proprement dit. Elle n'a retranché de Fontainebleau que des couronnes et des salamandres, et le pillage, s'il y a eu pillage, a profité aux bourgeois de la ville. On trouve des livres chez les uns, des porcelaines chez les autres, une cheminée par ci, un tableau par là, quelques meubles, quelques étoffes: voilà tout. Les espagnolettes du boudoir de Marie-Antoinette, attribuées à Louis XVI, et qui, certes, feraient le plus grand honneur au talent du ciseleur couronné, n'ont pas même bougé des fenêtres qu'elles ferment. Mais au nom de l'art outragé, comme au nom des mœurs déshonorées, le règne de Louis XV mérite d'être à jamais maudit. Qu'importe maintenant tout ce que nous disions hier, la jalousie l'ingratitude de Primatice, Rosso mort, Nicolo étouffé, Cellini dégoûté? Eussent-ils plus respecté l'un que l'autre, ces iconoclastes empanachés? Et si le Mars de Cellini eût été debout dans la cour de la Fontaine au lieu du Persée de je ne sais qui, entouré de dauphins que le passant prenait pour des morues, remplacé depuis par un Ulysse de M. Petitot, qui a l'air de jouer au cochonnet, je vous demande pourquoi il ne serait pas arrivé à quelque haute et puissante houri des appartemens royaux de trouver le colosse gênant et de le faire jeter à bas? Ce n'était plus l'amour qui régnait, c'était la débauche, et la débauche est un monstre. Que reste-t-il à Fontainebleau maintenant? De l'architecture et des stucs. Quant aux peintures épargnées par Louis XV et livrées tout simplement au vent, à la pluie, aux chauves-souris et aux araignées, en consience, il ne faut plus en parler. J'admire, certes, le procédé de restauration à l'encaustique, retrouvé, dit-on, par M. Paillot de Montabert, et plus ou moins heureusement appliqué à la guérison des fresques de Fontainebleau. Mais quoiqu'aient pu faire les habiles médecins attachés sur ce cadavre par le Roi Louis Philippe, ils n'empêcheront jamais que presque partout l'Abbate ne soit un peu

M. Alaux, le Rosso M. Picot, le Primatice M. de Pujol. D'affreux, de pourri que c'était, tout cela est devenu riche, somptueux, fulgurant ; mais on aura beau s'extasier sur cette révivification par le réchaud et par la cire, c'est du rajeunissement de parfumeur, c'est de la conservation Ganal, et rien de plus. Il y a là des choses vraiment fraîches ; c'est qu'elles sont neuves ; à côté il y a des formes hideuses, celles-là n'ont jamais existé ; celles-là sont filles de l'encaustique et non pas de Nicolo. Est-ce que l'humidité ne change pas les surfaces ? Est-ce qu'il peut être donné à quelqu'un de rétablir les surfaces dans leur premier état, rien qu'en les faisant sécher, après deux ou trois cents ans ?

Il est inutile, je pense, d'apprendre au lecteur que Napoléon abdiqua l'empire à Fontainebleau ; d'abord le 4, puis le 11 avril 1814, et que la scène homérique des Adieux s'est passée, le 20 du même mois, dans la cour du Cheval-Blanc ?

La Restauration ne figure à Fontainebleau que pour mémoire. Son passage y est marqué, du reste, par un charmant trait d'effronterie. On lit à l'entrée de la galerie de Diane, qu'en 1814, Louis XVIII régnait depuis vingt ans, C'est-là, j'espère, l'application bien exacte du fameux principe constitutionnel : *Le roi règne et ne gouverne pas !*

J'en ai pour le moins assez dit. J'aurais pu prouver de façon autrement laconique que l'histoire de Fontainebleau serait plus belle à écrire qu'aucune histoire des châteaux de France. Mais il faudrait un homme tout dévoué à l'interrogatiou des ces vieilles pierres, patient, savant, droit dans sa conscienoe et libre dans sa volonté ; il faudrait un homme qui pût et voulût consacrer dix ans, vingt ans de sa vie, à exhumer, faire revivre, faire parler tous ces grands fantômes, comme les ont consacrés Castellan, qui est mort, à éclaircir la question de l'art et de ses phases, et M. Denecourt, à battre l'immense forêt, futaie par futaie, rocher par rocher, buisson par buisson, pour donner enfin au visiteur la véritable carte de ce monde de vieux arbres, dont la liste civile avec tout son or, le cadastre avec tous ses agens, n'avaient jamais su faire la topographie. Et puis il faudrait que cet homme fût aidé, il faudrait qu'il ne trouvât pas, dans le château, la bibliothèque fermée à ceux qui veulent lire, comme les cours à ceux qui veulent passer. Car aujourd'hui, c'est ainsi; depuis dix ans depuis l'ère des lumières et de la liberté. Quand vous vous plaignez de ne pas voir la bibliothèque, on vous répond qu'il n'y a rien dedans. Rien dans trente ou quarante mille volumes ! — Mais laissez-moi chercher, au moins ! Monsieur, c'est défendu. — Les gens de la maison se sont réservé ainsi le monopole de ses archives. Ce n'est pas maladroit !

Et pourquoi chercher, après tout ? Qu'espère-t-on trouver?... De quoi faire une histoire?... Hélas ! pauvres gens que nous sommes ! On fabrique sous nos yeux les matériaux qui serviront un jour, sans doute à écrire l'histoire contemporaine : il n'y a plus rien de secret aujourd'hui sur les choses ni sur les hommes; quelques faits sont tout au plus contestés; les journaux, la tribune arment l'historien de toutes pièces; la lumière n'est plus sous le boisseau, elle est sous verre, et on est libre de casser le verre pour la faire voir de plus près... seulement, qui casse les verres les paie! Eh bien pourtant, demandons-nous cela sérieusement et la main sur la conscience, une histoire impartiale, vraie, de ce tems-ci est-elle possible? Pour ma part, et d'après les essais que j'en ai vus, par ce que j'ai osé moi-même, en y prenant mille précautions, je ne le crois pas. Avec cette certitude, ou tout au moins cette terreur dans l'esprit; ne ferait-il pas beau, vraiment, s'en aller fouiller le passé, éplucher la pierre des vieux palais et les reliques des vieux rois! Mentait-on jadis moins qu'aujourd'hui, ou plus? Que celui qui le sait le dise! Les vieux poètes, qui mentaient quelque peu, eux aussi, nous apprennent que de leur tems la vérité allait toute nue : de nos jours cette dame est autrement pudique et bien élevée, nous l'avons mise en pension. Comment s'habillait-elle, aux seizième et dix-septième siècles? Voyons : donnez-nous son signalement, afin que nous ne nous égarions pas trop. Sans cela, comment faire? et que saurons-nous? Sais-je seulement moi-même, ô vénérable public! s'il y a un mot de vrai dans tout ce que je viens d'avoir l'honneur de vous dire?

II

MATER DOLOROSA !

Il y a quelque vingt ans de cela. Un régiment de lanciers était en garnison à Fontainebleau... car il faut que vous sachiez que Fontainebleau est une ville de de garnison, conséquemment assez libre de mœurs, grandement fumeuse, joueuse et buveuse. C'est inouï ce qu'on y brûle de cigares, ce qu'on y salit de cartes, ce qu'on y vide de petits verres, surtout ce qu'on y trompe de ces pauvres filles, si malheureusement disposées toujours à croire l'honneur français aussi infaillible en amour qu'à la guerre. A Fontainebleau, l'uniforme est adoré des femmes, les tresses en or et les galons en laine par la comtesse et par la cuisinière, et c'est bien simple. Depuis trente ans cette ville est toute militaire ; l'Empire y est mort en 1814, et depuis 1814 les soldats de l'Empereur viennent y mourir lentement et tranquillement. Fontainebleau est un sublime hôtel des Invalides, avec la chambre de l'Abdication pour chapelle et vingt lieues de forêt pour jardin. Quel lieu plus saint ces vieux braves eussent-ils pu choisir ?

Les vers de M. Michaux peindront mieux que moi ce séjour exceptionnel :

Ville où le tems chemine à pas appesantis,
Riche de souvenirs et pauvre d'industrie ;
Des blessés de tous les partis
Tranquille et douce infirmerie ;
Fontainebleau, salut ! la paix est avec toi.
Sommeiller dans ta gloire est ton royal emploi.
Fatigué de Paris, le rêveur solitaire
Aime à voir, sans témoins, fleurir ton vieux parterre,
Libre arène, où jamais son regard curieux
D'un second promeneur n'a rencontré les yeux !
....
....

M. Michaux est procureur du roi à Fontainebleau ; c'est un homme tout de justice et de bonté, qui ferait chérir les fonctions les plus terribles, un homme qui est poète, vous voyez, et dont les vers toujours simples et touchans, et limpides comme sa belle ame, vont de tems en tems par la ville implorer l'aumône pour les prisonniers... Mais je m'arrête, car je suis funeste à ceux que j'aime... Digne et excellent homme ; puisse la justice que je vous rends ne point vous porter malheur !

Pour nous surtout qui n'étions que des enfans au tems de ces énormes guerres, les héros qu'elles ont laissé debout sont vraiment beaux et grands à regarder. Ils ont soixante-dix, soixante-quinze, quatre-vingts ans ;

leurs corps, forteresses vivantes, sont lézardés de blessures; et pourtant ils marchent fermes et droits toujours, et ceux qui meurent ne meurent pas comme nous, en détail, misérablement; ils tombent tout d'une pièce, après s'être promenés la veille; ils se couchent tout de leur long, sans se courber, pour le dernier sommeil, comme à leur dernière bataille ils ont été vaincus sans reculer. Il y a dans ces hommes de la statuaire, quelque chose de monumental qui les met au dessus de la nature ordinaire. Ils ont été faits exprès; les autres ne leur ressemblent pas. Quand on les regarde passer, graves et paisibles, la mémoire remonte involontairement à ces ombres guerrières qu'une imprudente éducation nous fait évoquer dans les colléges; on serait tenté d'appeler celui-ci Miltiade, et celui-là Cimon! La croix d'honnenr va bien à leurs nobles poitrines; le ruban rouge, comme une blessure vermeille, accompagne d'un air sublime les belles cicatrices de leur visage. Ils feraient aimer la guerre en vérité, tant le soldat est admirable dans leurs personnes.

Ces preux de Napoléon composent la part, sinon la plus nombreuse, au moins la plus glorieuse et la plus aimée de la population de Fontainebleau. Point de coteries parmi eux; point d'antipathies non plus; ils sont bons et affables pour tout le monde, pour ceux d'aujourd'hui et pour ceux d'hier; ils n'accusent ni ne blâment qui que ce soit. Ils ont tant vu, dans leur tems, de hautes trahisons, d'apostasies effroyables, qu'ils passent au milieu des nôtres, sans les voir. Que leur importe, d'ailleurs, l'idée qui règne, ou l'esprit qui a le pouvoir? S'ils ont pardonné beaucoup et oublié plus encore, les saints vieillards, ils n'ont gardé qu'un respect, qu'un culte, qu'un amour : L'EMPEREUR ! Ce mort-là vit toujours pour eux, et l'on pourrait presque dire que pour eux aussi tout ce qui vit est mort. Ils ont été les prêtres de Mars, ils sont maintenant ses religieux.

A côté des vieux fidèles de l'Empereur, vit une petite colonie qu'on pourrait appeler les fidèles du château. Ceux-ci datent de la Restauration. Ils vécurent enchaînés quinze ans aux chasses de *Monsieur*, à la mauvaise humeur de *Madame*, aux guêtres de Louis, au chapelet de Charles. A présent ils font la moue. Ils ont des noms très féodaux, et la tournure et les dents aussi très féodales. La plupart vivent sobrement; certes ce n'est pas un crime; mais, à leur ordinaire de vin de Samoireau et de boulli aux racines, vous les entendez railler, comme ne le feraient point des millionnaires, la mesquinerie de la nouvelle Maison, le mauvais goût de cette monarchie tricolore, toujours au plâtre et à l'huile grasse, sans cesse comptant et retranchant, s'abaissant à discuter jusqu'à la personne, jusqu'aux opinions d'un frotteur ! Ils vivent entre eux, serrés les uns contre les autres comme des canards, pour se tenir chaud, je pense, sans nul rapport avec les bourgeois, bien moins encore avec les nobles de l'Empire, qu'ils appellent gendarmes et culottes de peau. Ne croyez pas, au reste, que leurs antipathies tiennent bien profondément. Ce serait une erreur. Les convictions ne se logent point dans de pareilles cages. Les hommes iraient tout-à-l'heure applaudir le nouvel Ordre, de leurs mains rougies par le défaut de gants, si la Liste Civile n'eût pas dépeuplé à fond la forêt pour s'affranchir des soixante ou quatre-vingt mille francs de dégâts que messeigneurs les sangliers et les cerfs daignaient faire chaque année dans les choux et les pommes de terre du paysan : sonnez la fanfare dix-cors, toutes ces hautes et très puissantes oreilles vont aussitôt se dresser. Quant aux dames, leur regret du passé vient surtout de ce qu'elles sont vieilles, et si les officiers de nouvelle formation avaient assez de chevalerie pour ne pas s'en apercevoir, — ce qui serait brave, mais possible, le soir, par exemple, aux lumières, — le coq gaulois, alors, deviendrait peut-être un oiseau de fort bonne maison. Il est si facile de rallier les Françaises !

Ceux-ci affectent, au reste, d'avoir aussi l'esprit militaire. Ils ne veulent pas donner le dernier aux impériaux en fait de bravoure et de gloire. A Marengo à Austerlitz, à Wagram, ils répondent : Trocadéro. Navarin et Alger. Ils ont la croix de St. Louis, si les autres ont la Croix-d'Honneur. En définitive, ils consentent à ce que le mérite soit égal. Quelques-uns me rappellent un honnête Breton que j'ai connu près de Nantes, le marquis de T., qui ayant servi dans la marine anglaise pendant l'émigration, nous racontait naïvement ses batailles, et appelait les Français l'*ennemi*.

Passons aux bourgeois, pendant que nous y sommes. Des rentiers de naissance, ou plutôt des marchands, des aubergistes, des restaurateurs devenus rentiers, bien ou mal. Ils ont en général les plus belles maisons et la meilleure table ; mais ils n'ont guère que cela. Ils sont aussi amateurs et protecteurs des beaux-arts ; on trouve chez eux des croûtes qu'ils admirent parce qu'elles leur coûtent cher, et quelquefois des chefs-d'œuvre qu'ils méprisent parce qu'ils les ont eus pour rien. N'essayez pas de les éclairer à cet égard ; ils vous prendraient pour un homme dangereux, pour un romantique : ce qui veut dire toute sorte d'injures dans leur langue. Ils vivent richement, sinon bien ; tout miel pour les impériaux, voisins bienveillans et paisibles, qui les accueillent sans s'émouvoir ; tout fiel pour l'autre noblesse, insolente vaincue qui les appelle des anciens fournisseurs. Je ne les en blâme point, certes ! Monsieur vaut bien Madame.

Quant à la population de Fontainebleau proprement dite, aux bourgeois indigènes, s'il est permis de les appeler ainsi, c'est tout ce qu'on peut imaginer de plus doux, de plus confiant, de plus inoffensif ; aimant le pouvoir, quoiqu'il soit, parce qu'il est le pouvoir, et l'armée, parce que la ville n'a ni industrie ni commerce, et que la garnison est pour elle un moyen d'existence.

Enfin, tous ces bourgeois, nés ou importés, ont aussi leur part du vernis très militaire qui distingue en général leurs concitoyens. Leur vie est d'une régularité disciplinaire. Ils font la même chose aux mêmes heures, tous les jours, sans varier d'un pas ni d'une pipe. Il y a de l'uniforme dans leur costume : les tailleurs du lieu ont une coupe de grosse cavalerie. Nulle part je n'ai vu la garde nationale mieux tenue. Etat-major, adjudant, musique, tambours, se font remarquer par un sérieux de campagne tout-à-fait bienséant et digne d'être cité comme modèle.

Donc, il y a de cela une vingtaine d'années, un régiment de lanciers était en garnison dans cette bonne ville. Chez une lingère, voisine du quartier de cavalerie, travaillait une jeune fille nommée Marie. Fontaibleau est une patrie de jolies femmes. Explique qui voudra, malignement ou non, la beauté presque générale des ouvrières, des grisettes, comme on dit ; toujours est-il qu'un dimanche de juin, quand ces belles filles vêtues de blanc, car elles ont aussi leur uniforme, viennent animer de leur jeunesse riante les ossianiques abords de la forêt, à voir tant de graces élégantes et souples se dessiner charmantes sur un horizon d'émeraudes et comme les oiseaux ouvrant leurs ailes s'épanouir bienheureuses à l'air embaumé des bois, on se souvient des noces d'Obéron et de Titania, divin caprice du plus terrible à la fois et du plus tendre des poëtes ; l'œil ravi les suit dans leurs jeux et quelquefois regarde en haut, par dessus les arbres, si des fées ne vont point descendre pour mêler une musique du ciel à ces danses de l'humain paradis.... Mais hélas! la prudence n'est pas votre compagne, jeunes filles! vous croyez ce qu'on vous dit : quand un homme se met à vos genoux et pleure, vous pleurez aussi et vous ouvrez vos bras à cette douleur qui se plaint avec tant d'amertume... Et alors, pauvres filles, vous êtes perdues! perdues, entendez-vous : car cet homme va se vanter de sa victoire; c'est son métier, à lui, c'est sa gloire de tromper des femmes, comme de tuer des hommes; plus il trompe, plus il tue, plus il est grand! Il vous appelait son ange tout-à-l'heure, et demain peut-être, quand vous passerez dans la rue de France, devant le café des officiers, ils seront là plusieurs qui sauront votre honte et qui en riront.

Marie était crédule, elle aussi, parce qu'elle était jeune et bonne; le beau lieutenant Georges lui avait tant de fois dit qu'il l'aimait que, par honnêteté, elle s'était mise à aimer le beau lieutenant Georges. Remarquez cependant qu'elle ne lui avait jamais parlé, ni lui à elle; mais l'amour, puisqu'on appelle ainsi toutes ces choses, a des procédés d'expression tout-à-fait personnels, si clairs tout à la fois et si cachés dans leur discrétion, que le dernier idiot peut les comprendre et l'homme de génie n'y rien voir.

Tous les jours, le lieutenant venait chez la lingère,

une active et vigilante femme, arrivée depuis longtemps déjà, à l'âge où personne ne s'informe plus si les femmes ont été belles ou laides, aimées ou non. Il y avait chez celle-ci de la religieuse et du lutin. Elle parlait peu, mais tous ses mots emportaient la pièce. Elle ne grondait jamais, et pourtant on la craignait comme le feu. Elle ne disait pas ainsi que les autres.

— Je suis la première levée chez moi et la dernière couchée; mais on ne savait ni quand elle se levait ni quand elle se couchait; personne ne pouvait dire l'avoir jamais vue au lit. Elle n'était pas perpétuellement assise près de ses vîtres, guettant le chaland comme un vieux chat, et, par son exemple, imposant autour d'elle le silence et l'immobilité. Non ; ses élèves ne la voyaient que le matin pour la distribution de la besogne du jour; et tout aussitôt elle disparaissait, et on ne l'entendait plus ni remuer, ni tousser : c'était à croire la boutique affranchie de toute surveillance. Maïs s'il entrait quelqu'un qui fût le moins du monde important ou dangereux, une pratique ou un jeune homme, soudain une porte aux gonds muets s'ouvrait au fond du magasin, et la vénérable abbesse surgissait parmi ses nonnes, ses vertueuses lunettes sur le nez..... Or, la marchandise était bonne, et les ouvrières étaient jolies : donc pratiques et jeunes gens abondaient. .

Ainsi le lieutenant venait tous les jours, et tous les

jours il avait l'agrément de voir la maîtresse du logis dresser ses soixante ans de barrières entre Marie et lui. — Qu'y a-t-il pour le service de monsieur, demandait la marchande ?— Et monsieur se ruinait en jabots et manchettes, qu'il n'avait pas même l'avantage de pouvoir montrer sous son uniforme ; monsieur faisait, paire à paire, passer dans sa malle tous les gants de la maison ; les premiers foulards connus à Fontainebleau furent pour lui, et il vint les prendre un à un, afin de multiplier ses ressources.

Et à chaque folle emplète, à chaque sacrifice nouveau, ses regards éloquemment piteux allaient dire à la jolie Marie : — Vous voyez ! c'est pour vous. — Et puis enfin, il ne sut plus qu'acheter; la lingère en était venue à lui offrir avec le plus grand sang-froid des serviettes et des draps de lit, et les petites filles riaient fort, excepté Marie pourtant, que l'amoureuse patience du lieutenant touchait parfois jusqu'aux larmes. Alors Georges cessa de venir au magasin ; son amour-propre et sa bourse étaient à bout. Mais chaque soir, à huit heures, quand Marie sortait de chez la lingère, elle trouvait sa mère à la porte, et en face de la porte le lieutenant qui l'attendait pour la suivre fidèlement jusque chez elle.

Cette nouvelle tactique de Georges fut à la fois moins couteuse et plus décisive. Deux fois par semaine au moins Marie trouvait moyen d'avoir la main ouverte sur le passage des petits papiers pliés du lieutenant.

Elle fit bien pis, la pauvre chrétienne! elle répondit aux billets enflammés de Georges. Il est certainement très poli de répondre aux lettres qu'on reçoit ; mais la vertu, ô jeunes filles! n'a rien de commun avec la politesse.

Cependant pour des amours de garnison, ceux-ci n'allaient pas très vite. Les camarades de Georges l'en raillaient à cœur-joie. Six semaines perdues à faire le siége d'une ouvrière en linge! C'était à mettre au ban des femmes le numéro du régiment. C'était à déshonorer le drapeau! Un jour donc, entre deux bols de punch, Georges fut sommé d'emporter la place en quinze jours, ou de présider un souper monstre avec les insignes de l'innocence sur la tête : c'était, à cette époque, une perruque en filasse, ornée d'une magnifique queue rouge.

Cela devenait grave pour le lieutenant.

Les choses tournaient mal aussi pour la pauvre fille. Sa mère avait trouvé des lettres de Georges au fond d'un vieux pot à tabac oublié depuis la mort du père, et elle avait battu sa fille, faute de meilleurs raisonnemens. Pour se justifier, Marie avait dit qu'elle aimait le lieutenant, et sa mère l'avait battue plus fort ; c'était d'une haute logique. et comme la fête de Franchard approchait, il fut signifié à Marie que s'il lui arrivait de songer encore à son gamin de lieutenant, elle n'irait pas à Franchard. Marie frémit alors! Tout à l'heure vous saurez ce que c'est que Franchard, ou plutôt ce que c'était.

Pourtant la mère de Marie n'avait pas la morale bien sévère. Dans les villes de garnison, je l'ai dit, la fragilité est héréditaire chez la plupart des femmes ; faut-il les en blâmer ou les en plaindre? Nous verrons. Mais ce que cette mère voulait, c'était que sa fille ne perdît pas sa jeunesse et sa beauté dans une liberté inutile. La nature, en faisant Marie si jolie, lui avait constitué une dot qu'il s'agissait de ne point gaspiller. Or, un homme riche s'était présenté pour épouser la jeune fille pauvre; l'idée seule du lieutenant pouvait mettre à jamais en fuite ce mari envoyé par le ciel. Vous voyez bien qu'il était naturel que la mère gourmandât sa fille.

Marie, c'est tout simple, n'aimait pas le coffre-fort qu'on lui destinait. Un homme peut aimer deux femmes, mais une femme ne peut pas aimer deux hommes : ceci est physiologique. Toutefois, quand le prétendu venait la voir, en présence de sa mère que chacune de ces visites ravissait au septième ciel, la jeune fille n'était pas trop mauvaise ; elle avait peur de l'argument favori dont nous avons parlé plus haut.

Ce brave homme, propriétaire de la maison où demeurait Marie et sa mère, s'appelait d'un nom de ville allemande, quelque chose comme Brunswick, Francfort ou Ratisbonne. On aurait pu le croire juif, mais il niait formellement l'avoir jamais été. Était-ce une raison? je n'en sais rien. Ce que je sais, c'est qu'il était vieux, laid, mal soigneux de sa personne et de ses habits, très peu fait, en un mot, pour rendre la pensée du mariage agréable à qui que ce fût. Toutes les filles riaient de lui quand il passait; mais toutes les mères lui faisaient la révérence. Pauvres mères! elles savaient sans doute par expérience, que le bonheur est au moins cousin-germain de l'argent. Pourtant il était si peu beau, l'honnête citoyen, que la mère de Marie s'en alarmait quelquefois. — Bon Dieu! se disait-elle..... ma jolie fille et ce magot! — Mais c'était là des remords très fugitifs. Le magot avait dix mille francs de rente.

Et les autres mères étaient bien envieuses, vous pensez, de voir M. Francfort venir chez Marie. Et la bonne femme, déjà glorieuse, allait causer de sa future grandeur avec le curé; car vous savez, les mères, et surtout les veuves, qui marient leurs filles, ont toujours l'étrange idée qu'elles seront toutes puissantes dans la maison de leur gendre... Mais le curé, un homme d'esprit, n'encourageait que faiblement les ambitieuses espérances de sa pénitente. — Prenez garde, lui disait-il : le cœur des riches est difficile à sonder! Dieu seul sait ce que cache celui de votre M. Brunswick...—Là-dessus, la bonne femme s'en allait piquée, accusant tout bas son curé d'intolérance et de prévention.

— Il dit cela, pensait-elle, parce qu'il croit toujours que ce cher homme a été juif! S'il y a du bon sens!

Un jour, le père Ratisbonne prit à part la mère de Marie et l'emmena se promener avec lui le long du Canal, une admirable pièce d'eau du parc.

— Je ne veux pas, lui dit-il, vous rappeler que vous me devez deux termes de loyer, ni que j'ai payé quatre-vingts francs pour dégager vos effets et ceux de votre fille de chez le voisin Remi...

— Pardi! répliqua-t-elle... au point où nous allons en être ensemble!

— Oui... oui... fit le propriétaire en baissant la voix et regardant soigneusement autour de lui..... Mais nous n'y sommes pas encore, au point que vous dites..... Et, d'ailleurs, cela n'empêcherait pas de compter....... Cent dix et quatre-vingts font cent quatre-vingt-dix..... Enfin, ce n'est pas de cela qu'il s'agit.

— Non, dit la mère. Parlons d'autre chose.

— Eh bien! pour parler d'autre chose, je vous dirai que je ne suis pas content de Marie... pas du tout, du tout!

— Bon Dieu! qu'est-ce qu'elle a donc encore fait? s'écria la bonne femme en pâlissant... Quoi? voyons! qu'est-ce qu'il y a de nouveau?

— Du calme, allons! du calme..... Nous sommes ici pour nous expliquer tous les deux, et prendre nos petits arrangemens. Si vous criez comme cela au premier mot, ce n'est pas le moyen.

— Ah mais !... c'est qu'elle aurait affaire à moi, voyez-vous ! Que je l'y prenne seulement !..... Ah mais !

— Allons ! vous voilà encore..... des menaces ! des gros mots ! Eh ! mon Dieu, vous en avez trop fait et trop dit déjà : ce n'est pas comme cela qu'on se fait aimer de la jeunesse. D'ailleurs, de quoi parlez-vous ? Est-ce que vous supposeriez à Marie quelque mauvaise connaissance ? quelque intrigue ? c'est qu'alors, voyez-vous, tout serait fini...

— Moi ? par exemple !... Mais certainement non, se hâta de répondre la mère.

— Damé ! ces régimens ! c'est bien dangereux dans une ville... La garnison et les mœurs, cela ne va guère ensemble.

— Ah ! mon Dieu ! se dit la mère, est-ce qu'il soupçonnerait ?....

Le propriétaire reprit :

— Mais Marie est sage, honnête : c'est ma conviction comme la vôtre, et je n'en suis pas là-dessus.

— Sur quoi, alors, mon bon monsieur Brunswick ?

— Écoutez. Voilà déjà bien des fois que nous nous trouvons ensemble ; bien des promenades en forêt et à la Seine, bien des petits dîners à Changy, Bouron ; bien des matelottes aux Plâteries et ailleurs. C'est très agréable, sans doute, ma chère belle-mère ; mais tout cela coûte !

— Bah ! laissez-nous donc ! est-ce que vous n'êtes pas riche ?

— Riche ! les voilà bien tous ! riche !... J'ai de quoi vivre, c'est possible... mais, en tous cas, ce n'est pas à ce commerce-là que je l'aurais gagné.

— Quel commerce donc, mon bon monsieur Brunswick ?

— Il faut que ce qu'on dépense rapporte quelque chose, madame.. et tout ce que j'ai fait jusqu'à présent ne m'a pas même valu un regard flatteur de mademoiselle Marie.

La veuve eut envie de lui demander : — Pourquoi es-tu si laid ? — Car elle le regardait tandis qu'il parlait, et l'air désolé qu'il avait pris rehaussait encore les désagrémens de sa personne.

— Allons, dit-elle en riant, c'est que vous aurez mal vu !

— J'ai vu... que je n'ai rien vu du tout, reprit l'Allemand.

— Après cela, écoutez donc ! vous ne voulez pourtant pas que les demoiselles se jettent à la tête des hommes !

— On ne se jette pas à la tête des gens pour leur dire quelque chose d'aimable, de gracieux... pour être gentille enfin !

— Je lui parlerai, soyez tranquille : c'est qu'elle est timide, voyez-vous, cette pauvre enfant.

— Sûrement qu'elle est timide !... Tenez, Madame, voulez-vous que je vous dise ? elle n'est pas libre, quand vous êtes là... Je crois que vous la gênez.

— Pas possible !... Quoi ! sa mère ?

— Ah ! les mamans ne s'imaginent pas cela... Elles grondent, elles grondent et puis elles croient qu'après on doit se mettre à rire !... Combien de fois l'ai-je trouvée avec les yeux rouges et tout gonflés en arrivant chez vous.

— Il ne faut donc pas la reprendre, quand elle fait mal ? Enfant, c'est tourment, mon cher monsieur.

— C'est bel et bon ; mais tout cela ne l'habitue pas à moi, et voilà ce qui me chagrine.

— Mais qu'est-ce que vous voulez que j'y fasse, mon pauvre monsieur Francfort ? je lui en dis pourtant assez tous les jours !

— Je vous crois... L'affaire est assez intéressante pour elle et pour vous... Mais je crois aussi que vous ne savez pas bien vous y prendre... Ecoutez : voilà quelqu'un qui vient ; il faut nous parler vite et franchement... J'ai un petit voyage à faire à Metz... Avant que de partir, je veux voir Marie, seul, et la mettre à son aise avec moi... Pour l'épouser, au moins, faut-il que je sache si elle m'aimera... Voyez votre fille, conseillez-la comme une personne raisonnable et qui veut son bien... Si je lui plais, dans un mois, à mon retour, nous terminerons tout... Si elle me rebute, mon parti est pris, je ne reviendrai pas. Adieu... Je vous reverrai demain... A propos, nous disions tout-à-l'heure que vous me devez cent quatre-vingt-dix francs... C'est dans deux jours la fête de Franchard, il faut la faire belle, cette chère enfant: entendez-vous?

— Mais, c'est que...

— C'est bon, c'est bon. Je m'en charge.

— Ce bon monsieur Ratisbonne! Encore de la dépense!...

— Oui: Tenez: vous lui achèterez un bonnet. Voilà dix francs. Cela fera le compte rond; deux cents francs. Adieu! A demain. c'est le père Remi qui vient-là... j'ai à lui parler. A demain.

Là-dessus il quitta la veuve. Et celle-ci, toute émerveillée, réfléchit long-temps à cette bizarre manière de faire un cadeau.

— Diable! se dit-elle, croit-il donc qu'on a des plumes avec dix francs?... Et ma loterie? Après tout, c'est de sa faute, à cette péronnelle? Elle lui fait fête comme à un chien boiteux... Il y a de quoi mettre un homme de mauvaise humeur aussi!

Le lendemain il vint voir la veuve; elle avait parlé à sa fille, et ils convinrent ensemble de se rencontrer à Franchard. C'était une charmante occasion de tête-à-tête, le soir, dans la forêt, à la mystérieuse lueur des flambleaux sous le feuillage.

Du temps de Philippe-Auguste, un chanoine régulier d'Orléans, Guillaume de Bierre, fonda l'ermitage de Franchard, au plus sauvage de la forêt de Fontainebleau, dans un lieu où la retraite exposait les solitaires à une mort certaine ; car des brigands infestaient ce désert. Peu à peu, cependant, l'ermitage devint un monastère trop souvent ravagé par les bandits, qui, la torche et le fer à la main, y brûlaient les cadavres des religieux égorgés. A force de catastrophes, la ferveur mourut, et le couvent était depuis long-temps abandonné, lorsque Louis XIV le donna aux Mathurins de Fontainebleau, à la condition d'y venir faire les saints offices une fois par an, le mardi de la Pentecôte, et le reste de l'année d'y entretenir un anachorète qui, le jour, élevait des abeilles, et la nuit, se sauvait des voleurs parmi les rochers alors inaccessibles que les bouleversemens du sol avaient donné pour murailles à ces épouvantables lieux. Aujourd'hui, tout cela est changé. Du monastère et de sa magnifique chapelle, la vénerie royale a fait un informe bâtiment habité par le garde Lamotte, vivant et joyeux répertoire de toutes les fanfares de chasse connues, seul être qui dans ces bois infinis conserve encore au voyageur fatigué un abri, un bon accueil et quelque chose à manger. Il n'y a plus de voleurs ; c'est à peine s'il y a des lapins. La civilisation a presque nivelé ces gorges titaniques ; elle en a pris la moitié pour paver Paris et ses abords ; elle a frayé le reste en faciles promenades avec des bancs et des escaliers. La *Roche qui pleure*, cette merveille providentielle d'où tombe goutte à goutte le cristal d'une source inconnue, est débarrassée des ronces qui la tenaient enfermée comme un trésor; et de la Roche qui pleure à l'*Antre des Druides*, autre point extrême de cette vallée sinistre, règne un beau chemin blanc que le vent passe au rateau toutes les nuits. Et malgré tan d'embellisemens, ce lieu est encore sublime. Du haut de ses flancs panachés de bouleaux le regard s'abaisse, craintif et respectueux, sur un admirable désordre de blocs et d'arbres qui semblent les ruines d'une ville immense couchée comme Ninive sous le tonnerre d'une immense punition. On se sent bien petit et bien faible à l'ombre effrayante de ces monts suspendus qu'à chaque instant la tempête peut ébranler d'un coup d'aîle; on se prend à dédaigner les hommes et leurs misérables querelles à l'aspect de ces gigantesques déchiremens! C'est là surtout que la forêt est belle; c'est l'hiver, quand les noueux genevriers secouent au soleil les diamans dont la neige a poudré leur chevelure toujours verte et jeune, à eux qui sont si vieux! Et voilà sans doute ce que nos paysagistes ignorent, puisqu'ils vont à grands frais recopier tous les ans tant de lointaines beautés qu'ils nous ont rendues vulgaires. L'été, quand la forêt n'est qu'un grand parc, vous voyez un peintre assis au pied de chaque arbre; l'hiver, quand la nature jalouse a dévoilé cette splendide décoration, personne n'est là... personne! Pourquoi donc, mes braves artistes, vous aller geler si loin?

La fête du mardi de la Pentecôte est restée, mais

avec un notable amendement. C'était un pèlerinage, à présent c'est une kermesse. C'est comme notre Longchamp, plus l'été, la joie, le vin et le reste. Au lieu des religieux Mathurins qui leur remettaient les péchés, les femmes trouvent à Franchard le gros maître de danse Davergne et son orchestre qui leur en font commettre. Et quels péchés! et que de péchés, bon Dieu ! Saint-Père le Pape, quand donc enfin nous excomunierez-vous Strauss, Musard, Julien, Tolbecque, tous ces satans du quadrille et de la valse? les âmes féminines ne méritent-elles plus qu'on les garde? Au lieu d'une seule table, qui était sainte, il y en a cent qui sont horriblement profanes, autour desquelles roulent des propos et des chansons. Dans une futaie magnifique, à deux pas des ruines sacrées, le sensualisme du dix-huitième siècle a coupé une salle de bal où l'on dansait déjà quand les Mathurins disaient encore la messe. Plus méthodiques que nos ancêtres, nous avons repoussé la confusion des genres, et chez le garde Lamotte, désormais l'unique ermite de Franchard, les fidèles boivent et chantent comme sous les hêtres de la futaie... Après tout, qu'est-ce qui prouve que, les vêpres dites, on ne faisait pas chez les religieux comme chez le garde?

Au surplus, à l'heure qu'il est, la fête de Franchard s'en va comme tout le reste : mais à l'époque où remonte notre histoire, c'était tellement solennel, et célèbre, et désiré, et couru de quinze lieues à la ronde, qu'une jeune fille qu'on aurait privée d'aller à Franchard eût été infailliblement trouvée morte le lendemain. Il ne restait à Fontainebleau ce jour-là, que les tout vieillards et les tout petits enfans.

Marie et sa mère furent des premières au rendez-vous. La jeune fille avait fini par se laisser vaincre, et elle venait là, victime obéissante, sa jolie tête couronnée des dix francs du vieux Brunswick, prête à tout promettre, à tout tenir. Sans doute, elle avait eu quelque peine; elle avait même pleuré à s'en abîmer le visage; la nuit, tandis que sa mère la tenait éveillée sous de menaçans discours, la pensée lui était venue d'invoquer Georges et sa flamme, et peut-être aussi son grand sabre !... Mais si l'amour parlait haut, l'ambition n'était pas muette : quand l'un disait bonheur, l'autre disait richesse. Georges était beau, jeune, charmant, certes !... Il avait des cheveux ravissans, les dents comme des perles, pour moustache un ruban de velours... Mais dix mille francs de rente; mais l'importance, le nom, la maison, et le jardin, et les poules, et la carriole, et le petit cheval du père Francfort; mais savoir qu'en disant *oui* elle allait être dame et maîtresse de tout cela, et s'habiller de soie, et manger dans l'argenterie, avec les gros de la ville à sa table, et quelqu'un pour la servir. songer surtout qu'elle aurait le droit de porter un chapeau !... C'étaient là des sujets de réflexion excessivement graves, et dont on pouvait conclure que les consolations affaiblissaient le sacrifice. Vu à travers ces flatteries de l'avenir, le présent devenait fort acceptable... Et puis enfin, en enchaînant sa personne, une femme n'enchaîne pas son cœur... Et puis, et puis !... les vieux ne vivent pas plus long-temps que les jeunes !... Donc Marie s'était dit qu'elle accepterait la main ridée, noire, sèche, crochue, mais chargée de bagues, que lui tendait l'honorable capitaliste.

Et provisoirement elle se mit à danser ; le futur n'était pas encore-là. Si elle dansa toutefois, ce ne fut pas sans de longues objections de la part de la mère qui tremblait qu'en arrivant, M. Ratisbonne ne prît mal la chose. Mais Marie était si résignée, si raisonnable, et si invitée surtout par le corps entier des officiers, que la digne femme avait fini par lui accorder cette dernière joie des jeunes filles.

C'était au beau Georges le tour, quand la veuve, soigneuse à regarder partout, vit venir son gendre futur en compagnie de deux ou trois notables qui paraissaient l'avoir aidé à bien dîner. A ce précieux aspect, la mère, par une manœuvre plus brusque que savante, escamota sa fille au lieutenant. Mais le bonhomme avait tout vu, et la moue qu'il fit en saluant les deux dames mit toutes les terreurs imaginables au cœur de la pauvre veuve.

On fit quelques pas en silence, loin de la cohue qui foulait le sable si ardemment ; et quand le feu des lanternes du bal eut presque disparu derrière la futaie où M. Francfort semblait s'engager, sans regarder, sans savoir, dans une préoccupation profonde, le mécontent fiancé s'arrêta et dit à la veuve :

— Pardon... je me souviens que mademoiselle votre fille allait danser, tout-à-l'heure... Que ce ne soit pas moi qui la dérange ! Retournez... moi, je m'en vais.

— Parle-lui un peu, Marie ! dit la mère en se penchant, pleine d'anxiété, à l'oreille de son enfant. Parle-lui, ou tu le perds pour toujours !

Marie avait eu d'abord quelqu'envie de prendre au mot ces maussades paroles du bonhomme... Mais elle se ravisa ; sa mère pleurait !

— Pourquoi donc, monsieur ? dit-elle d'une voix toute rieuse et gentille ; mais, non ! j'aime bien mieux me promener, comme cela... avec vous...

O femmes ! qui de vous ou de nous ment le mieux ?

Sa mère l'embrassa, tant elle était transportée ; et tout de suite, en habile assiégeant, elle la mit au bras du capitaliste.

— C'est vrai, reprit Marie, sûre que dans l'obscurité le brave homme ne la verrait pas rougir ; si j'ai dansé, c'était pour vous attendre... Et je m'ennuyais assez, allez !

— Mais le lieutenant ? demanda-t-il à voix basse, en pressant ce bras charmant qui pesait sur les os du sien.

— Ah ! monsieur Georges ?... Eh bien, il était là, avec ses camarades... Est-ce que je pouvais le refuser, pour après cela ne plus danser avec personne ?

— Ce n'est donc pas lui que vous aimez, Marie?

Elle ne répondit rien, mais son bras devint plus lourd... C'était pousser loin l'imposture!

Cependant ils marchaient toujours, et tous deux seuls, dans l'ombre épaisse de la futaie. Les amis de M. Brunswick s'étaient emparés de la veuve et l'avaient, tout en causant, ramenée du côté du bal.

Marie s'arrêta. Le regret, la honte, la peur lui venaient déjà.

— Retournons, monsieur, dit-elle.

— Pourquoi, Marie? demande le propriétaire en la retenant doucement.

— Mais ma mère n'est plus avec nous, monsieur!... Où est-elle?

— Soyez tranquille!... elle nous suit... Avez-vous donc peur avec moi, reprit il d'une voix caressante... Méchante que vous êtes! Voyez, votre mère est plus confiante que vous... Elle sait que votre bien fait mon seul désir... Encore un peu plus loin... Venez!

— Non... je veux m'en retourner!... Laissez-moi... il fait trop noir ici!

— Oh! vous ne me quitterez pas encore, dit Ratisbonne en pressant la fraîche jeune fille sur sa poitrine haletante. Nous sommes seuls, oui! mais je vous aime... et vous êtes si belle, Marie!... Depuis six ans, vous ne savez pas... je vous regarde grandir comme une fleur qu'on paierait de sa fortune!.. Oh! je vous aime mieux qu'ils ne pourront jamais vous aimer, tous ces jeunes hommes qui vous plaisent parce que vous êtes jeune aussi !... La jeunesse ! la jeunesse ! Imprudence, misère, folie ! des dettes pour aujourd'hui, et l'hôpital pour demain... Mais avec moi, Marie !... Oh ! venez... n'ayez pas peur ! venez.

Le vin qu'il avait bu à dîner lui montait à la tête, et l'obscurité l'enhardissait au point de lui faire tout oser. Marie, pauvre brebis tremblante, effarouchée, prisonnière dans les deux bras qu'il avait fermés sur elle comme des pinces ardentes, le suppliait toujours de la ramener à sa mère ; elle l'accusait, les larmes aux yeux, de les avoir toutes deux trompées... Mais que lui faisaient à lui, des supplications et des larmes ? Sa proie n'en devenait que plus belle !

Elle parvint pourtant à se dégager à demi.

— Laissez-moi, pour dieu ! laissez-moi, dit elle... Que vous ai-je fait, hélas, pour que vous me méprisiez ? Ne voulez-vous donc plus que je sois votre femme ?

— Ma femme ? Eh oui, certes ! tu seras bien ma femme, car tu ne travailleras plus... Je suis riche, tu sais bien, et je t'achèterai tout ce que tu voudras, des bijoux, des meubles, des chapeaux, la toilette entière de ces belles femmes nobles qui dansent là-bas... Nous vivrons bien, va ! Ton bonheur sera ma seule joie, Marie, ma maîtresse adorée !

— Mais quel nom porterai-je donc, monsieur ? dit Marie d'une voix fière. Car enfin je suis une honnête fille, moi !

— Quel nom ?... Eh ! le tien, Marie ; le mien, si tu veux le prendre. Qu'importe le nom dans cette vie de liberté dorée que je veux te faire !

La jeune fille tressaillit ; elle comprenait tout.

— Jamais ! monsieur... jamais ! s'écria-t-elle... Oh ! mais, que vous êtes infâme !... Voulez-vous me laisser !... Maman ! maman ! Au secours !

— Appelle ! va, dit-il d'une voix étranglée... Appelle ! elle ne t'entend pas... Tu es à moi, Marie !

Il disait vrai... La veuve était déjà trop loin, et les turbulentes clameurs de la fête eussent empêché d'entendre les cris d'un homme égorgé... Mais quelqu'un veillait, quelqu'un avait suivi la fille délaissée ; et quand la pauvre enfant, dans sa détresse, n'attribuait plus qu'à Dieu seul le pouvoir de la délivrer, une main jeune et hardie dénoua l'étreinte ignoble qui allait la flétrir. Cette main puissante était celle du lieutenant de lanciers.

Deux secondes après, le père Francfort tombait au pied d'un arbre, l'épaule démise, plein de honte et de rage ; et Marie s'enfuyait avec Georges, éperdue, folle, n'osant plus même retourner chez sa mère, voyant partout des complices de celui qui tout-à-l'heure avait voulu la déshonorer.

Demandez maintenant à quelqu'un de Fontainebleau comment s'appelle une femme de tournure étrange que vous avez rencontrée partout dans les rues, mélancolique et les yeux baissés un jour, marchant le long des murailles, évitant comme un maudit le contact des vivans ; le lendemain, vive, droite, hardie, les poings fermés, l'insulte à la bouche ; ou bien sur une place, la place aux Vins ou au Charbon, entourée de méchans enfans qui la raillent, qui l'injurient, qui lui jettent de la boue, mais qu'elle n'entend et ne voit pas ; car elle est absente alors du monde périssable des hommes ! ses yeux brillans percent l'espace et semblent assister là-haut à quelque fête des anges ; tout son être frémit d'extase, et de sa voix triste et douce elle cherche à répéter ce qu'ils disent, dans leur joie sainte ; des chants dont la musique et les paroles sont des mystères ; elle écoute, elle regarde encore, et ses bras s'ouvrent, lentement arrondis et peu à peu voici son corps qui se ploie, se brise, se renverse, s agenouille en mille poses d'une grace inconnue ; la pauvre inspirée voudrait copier les danses séraphiques qu'elle vient de voir !... Mais si une moquerie, si une injure, quelquefois des coups, hélas ! plus violens que le reste, parviennent à la faire descendre de cet opéra céleste, vous voyez la malheureuse baisser la tête et pâlir, et de grosses larmes couler le long de ses joues : puis tout-à-coup elle se redresse, elle parcourt, d'un regard où le regret le dispute au courroux, l'insolente foule des gamins pressés autour d'elle, mais qui reculent alors ! elle secoue ses cheveux grisonnans, et des invectives horribles, des malédictions immondes s'élancent drues et fougueuses, comme la tempête, de cette bouche qui tout-à-l'heure chantait ;

elle s'arme de ce qu'elle trouve là, à terre, près d'elle, et elle court, et elle chasse cette inhumaine enfance qui s'enfuit, toute pleine encore de lâches risées... Enfin elle s'arrête épuisée, et elle tombe, et alors ceux qui traversent la rue et qui sont de la police veulent bien quelquefois avoir pitié d'elle.

Demandez donc le nom de cette femme, vous qui ne passez devant aucune des grandes misères du monde, sans chercher le mot des énigmes qu'elles renferment! Demandez son nom, à elle qui n'a point de maison, ni de chambre; qui, l'été, couche dans la forêt, et l'hiver, avec les chiens, sous l'escalier de quelque bourgeois moins peureux que la plupart... à elle, l'infortunée, qui ne sait plus de quel tems lui est venue sa dernière robe, ni comment elle mangera le soir, ni si l'aumône d'un peu de paille ne lui manquera pas demain!... Eh bien! c'est Marie qu'elle s'appelle, c'est la Marie qui était si charmante il y a vingt ans; Marie la perle, l'étoile des jeunes filles, pure comme le bel ivoire de son front, sainte comme sa première prière! Aujourd'hui, cette femme est le type du plus affreux abrutissement. Il n'est pas une condition monstrueuse, un épouvantable abus d'elle-même où la seule offre de quelques sous ne puisse aussitôt la faire descendre. Ne lui donnez point de pain, car elle le vendra; ne chaussez point ses pieds nus, car elle les refera nus; tout ce qu'elle tient, de Dieu et de vous, vêtemens et alimens, son corps et son âme, deviendront ce que le marchand d'eau-de-vie voudra ! Elle vit d'eau-de-vie, cette femme ; si vous la voyez triste, c'est qu'elle n'a pas bu encore ; la joie lui vient par petits verres ; quand la bouteille est finie, son extase commence. Elle brûlera toute seule, les médecins le disent ! Quelquefois, le soir, il m'a semblé voir des flammes bleues courir sur ses haillons....

Et cet être si abominablement déchu parmi tous tes habitans, ô Fontainebleau ! ce rebut misérable que tu montres à tes enfans, comme jadis les Spartiates montraient aux leurs un Ilote ivre, a pourtant dans son histoire un fait qui devrait te le rendre bien respectable et bien sacré, un fait immense, héroïque, à lui faire obtenir devant Dieu, sinon devant toi, le pardon de mille vies plus dépravées que la sienne. Et je ne dis rien d'exagéré, certainement ; je m'en rapporte aux femmes, seuls juges dignes de la pauvre Marie, parce que seules elles savent jusqu'où l'amour d'une mère peut aller !

Depuis la fête de Franchard, Marie n'était plus revenue chez sa mère : elle vivait, pleine d'amour et de reconnaissance, dans une petite chambre que lui avait louée Georges ; et sa mère l'avait maudite, et déjà on la montrait au doigt par la ville. Car le vieux Ratisbonne, quand il fut retrouvé par ses amis, gémissant et tout éclopé sur la mousse, n'avait pas eu de peine, qu'on me passe le jeu de mots, à cacher sa confusion sous sa contusion, et à présenter celle-ci comme le résultat d'un horrible guet-à-pens contre son honnête personne. Le lieutenant avait été mis aux arrêts, et chacun s'attendait au régal de quelque bonne poursuite, bien scandaleuse ; mais, à l'étonnement général, la montagne n'accoucha même point. Le surlendemain, tandis que les sangsues mordaient l'omoplate du malheureux capitaliste, on vit le lieutenant venir jouer et boire son café librement, comme les autres jours, et les bourgeois murmurèrent, et il fut dit parmi les libéraux que l'autorité se montrait d'une partialité indigne à l'égard des militaires.

Puis on oublia tout ; seulement ces faits demeurèrent établis, que Marie était une infâme coquine, le lieutenant un mauvais sujet, et le père Francfort un pauvre cher homme bien à plaindre. Voilà comme on écrit l'histoire !

Et quand l'automme et l'hiver eurent passé sur tout ceci, il advint que Louis XVIII envoya sonne veu, le duc d'Angoulême, au secours de son cousin Ferdinand VII, tout affolé, le pauvre tigre, des cris de *Tragala* et de *vive la Constitution !* Le régiment de lanciers qui était à Fontainebleau prit, comme tant d'autres, la route des Pyrénées ; et Marie resta seule, sans même un regret de Georges, à qui elle commençait à devenir fort à charge... Elle avait un enfant !

Elle pleura beaucoup d'abord, et, se trouvant si faible dans son isolement, elle s'en alla prier sa mère, qui la jeta dehors sans vouloir l'entendre. La misère avait profondément aigri cette vieille femme, habituée pendant cinq ou six ans à vivre du travail de sa fille. La mère accusait sa fille de l'avoir volée en se séparant d'elle, et rien au monde, pas même les remontrances du curé, qui savait bien la vérité, lui, sur Francfort et sur Marie! rien ne put la désabuser ni la fléchir. Il faut reconnaître, au reste, que la situation où l'avaient placée toutes ces choses n'était guère capable de la disposer à la bienveillance La malheureuse était sans meubles; Brunswick lui avait pris les siens pour se rembourser, quand il l'avait chassée de son logement. Elle habitait un bouge à demi-souterrain, sans air ni lumière autres que ce qu'en pouvait donner la porte absente. Son lit, ce débris unique que la loi laisse aux pauvres diables qu'elle dépouille, elle l'avait vendu en détail pour acheter de tems en tems un peu d'espérance dans ces misérables Bourses du pauvre qu'on appelait alors des bureaux de loterie. Et tout était parti, vingt sous par vingt sous, de tirage en tirage; une seule fois, les numéros si long-tems poursuivis avaient, dans la roue fatale rencontré les doigts de l'ange de la rue Neuve-des-Petits-Champs!... Ce jour-là, elle eût été riche, mais, pour le devenir, il eût fallu vingt sous la veille, et elle ne les avait pas!

Oh! c'était là une misère affreuse, et trop forte pour des cervelles dix fois meilleures que la sienne. Marie comprit bien cela; hélas! elle n'accusa point sa mère, et sur ce seuil fangeux où venait de l'agenouiller la foudre d'une seconde malédiction, ses mains tremblantes déposèrent pieusement la moitié de ce qu'elle avait d'habits, tout ce qu'elle avait d'argent.

Le lendemain, Marie prit la ville d'un bout jusqu'à l'autre, demandant partout de l'ouvrage, avec son cher enfant dans les bras, et partout on repoussa la fille maudite, la dangereuse créature qui avait voulu faire tuer le bon M. Brunswick.

Les plus charitables, il est vrai que c'étaient des hommes, lui demandèrent ce qu'elle faisait de cet enfant, et pourquoi elle ne le portait pas à l'hospice.

Les plus honnêtes regardèrent, quand elle fut partie, s'il ne manquait rien sur les comptoirs.

La jeune femme vit qu'elle était devenue une paria. Elle entra dans l'é. lise, et demeura long-temps prosternée sur la pierre. Dieu seul a jamais su ce que cette ame alors fit monter vers lui de sanglots!

Et puis commença le poème de Marie... Un poème douloureux et sublime, en vérité, et qui aurait bien dû trouver son poète dans cette ville... Comment un tel sujet ne vous a-t-il pas inspiré, vous, monsieur Alexis Durand, qui êtes un homme du peuple? Pourquoi, noble artisan, n'avoir pas usé sur lui quelqu'une de vos veilles harmonieuses? L'ignoriez-vous, par hazard? A vous, comme aux heureux du monde, est-ce que, sous la boue qui le couvre, le diamant aurait échappé? Pourtant vous êtes pauvre, et vous n'en rougissez pas, que je sache; car vous avez dit, dans une épître à maître Adam, votre vieux confrère de Nevers :

La pauvreté n'est pas une Muse nouvelle,
Horace, comme nous, fut inspiré par elle...

Ou bien, chantre de la forêt, votre génie habite-t-il si haut maintenant qu'il ne daigne plus se faire l'écho des pleurs, ni des joies de la terre? Ou bien encore, parmi ces pleurs et ces joies, l'orgueil du menuisier tiendrait-il pour valables seulement les joies de princes et les pleurs de duchesses? Allons donc, monsieur Alexis Durand, vous n'êtes qu'un poète; vous n'êtes pas un dieu? Vous êtes de nature et de passions fort humaines et terrestres; qui sait cela mieux que moi? Celui qui ne vous loue ni assez tôt, ni assez haut, est assuré de vous avoir pour ennemi.. Homme, descendez donc quelquefois parmi les hommes! Artisan ne croyez pas votre divin langage déshonoré, parce que vous l'aurez pris pour dire à vos frères leurs erreurs, au monde leurs souffrances et leurs vertus. Elle est belle, certainement, votre forêt de Fontainebleau; qui l'a jamais nié? Mais vos vers, si pompeux que vous les fassiez, n'ajouteront ni une terreur à ses déserts, ni une grandeur à ses futaies!... Ils pourraient, monsieur, rendre les hommes meilleurs; et cette ambition mérite d'être la vôtre.

Au surplus, je ne le dis pas pour vous plutôt que pour tout le monde; voici à peu près comment les choses se passèrent.

Il y a bien huit ou dix ans, c'était après le célèbre *ouragan* de 1830. Vers la fin d'une chaude et magnifique journée de juin, une calèche, couverte d'écume et de poussière s'arrêta près du parc, à la grille de Maintenon. Deux dames et un jeune homme en descendirent. Leur promenade avait été longue, à en juger par la sueur dont les quatre chevaux étaient baignés. La plus âgée des deux dames paraissait malade et marchait péniblement, appuyée sur le bras du jeune homme. L'autre dame suivait à une distance presque inappréciable, et pourtant suffisante pour établir la différence des rangs. La voiture, au reste, avait de riches armoiries, et les domestiques une livrée de la plus haute condition.

La dame qui paraissait malade fit quelques pas le long de l'Étang, immense glace où le château se mire, et dont l'empereur Nicolas, si jaloux de la gloire de ses ancêtres, voudrait bien arracher un charmant pavillon dans lequel Pierre-le-Grand, son féroce modèle, tomba tout bonnement ivre mort, le 30 mai 1700. Braves messieurs qui trouvent que le vin déshonore et non pas le sang ! Otez-vous donc la Pologne égorgée, et la mort de votre frère Constantin, et celle de votre général Diébitsch, illustre czar ! Otez à votre aïeul Pierre le massacre des Strélitz : cela vaudra mieux !... Mais on ne supprime pas un fait comme un homme, malheureusement !

La marquise ou la duchesse, je ne sais pas bien, regardait sans rien dire et d'un air de mélancolie hautaine, cette demeure royale déchue pour elle de toutes ses splendeurs. Sa compagne, beaucoup moins solennelle, riait toute seule à voir les carpes s'ébattre au soleil, lorsque tout-à-coup le jeune homme s'écria :

— Ma tante ! voyez donc ! quel charmant enfant !

Il y avait là, en effet, à deux pas, entourée de jeunes mères qui toutes l'admiraient, mais dont pas une ne l'eût caressée, la plus ravissante petite fille qui jamais ait joué sur une pelouse fleurie ; un ange de neuf ou dix ans, avec une figure faite de roses et de cerises, des yeux volés aux étoiles. et fine, souple, gracieuse comme les cygnes auxquels sa petite main blanche jetait à manger.

Une femme, pauvrement habillée, se tenait à l'écart, suivant d'un œil attentif la joyeuse liberté de l'enfant. A la vue de ce bijoux que son neveu lui montrait, la grande dame perdit toute sa froide majesté. Elle quitta le bras du jeune homme, et se baissant à terre, comme une simple mortelle, elle attira à elle la petite fille qui la regardait toute rouge, à demi fière, à demi-effrayée.

Il se fit un grand mouvement parmi les femmes qui étaient là. Quant à celle qui gardait l'enfant, elle avança d'un pas, et puis s'arrêta immobile... On aurait dit qu'elle avait peur.

— Mais, Nancy, regardez-la donc! disait la marquise à sa demoiselle de compagnie... Est-elle jolie?... Et quel goût, voyez, dans sa petite toilette!... On ne les habille pas mieux à Paris... Mais dites-moi donc, Nancy, que vous la trouvez charmante!... Comment vous appelez-vous, mon amour?

Et la voix d'un oiseau répondit : — Je m'appelle Georgina.

— Georgina !... Un joli nom, n'est-ce pas, Nancy ?... Et nous avons... neuf ans ?

— Neuf ans et demi, répliqua l'Amour avec fierté.

— Oh ! alors, nous sommes tout-à-fait une demoiselle !... Elle est adorable !... Mais est-ce que vous êtes venue toute seule ici ?

— Oh ! non, maman n'aurait pas voulu... Et si on me prenait, donc !

— Heureuse mère ! dit en soupirant la grande dame... Et elle chercha des yeux tout autour d'elle. Alors la femme qui attendait silencieusement, s'approcha ; aussitôt les autres s'éloignèrent, comme si la malheureuse eût été un crime ou un fléau.

La marquise n'avait rien remarqué, si ce n'est qu'une façon de servante, assez jolie du reste, se présentait pour répondre à sa muette interrogation.

— C'est à vous qu'est confiée la garde de ce trésor ? dit-elle à Marie, tandis que la gourmande Georgina avait les yeux et les doigts dans la bonbonnière de mademoiselle Nancy.

Marie pâlit et s'inclina sans répondre. La marquise pensa qu'elle lui avait peut-être parlé dans un style trop fleuri.

— Je vous demande, reprit-elle, si c'est vous qui êtes la bonne de cette enfant ?

Marie se sentit frémir des pieds à la tête, et ce fut tout. La grande dame prit ce trouble pour un salutaire effet de sa haute condescendance.

— Vous pouvez, je pense, daigna-t-elle ajouter, nous la laisser quelques instans ?

La mère leva les yeux en tremblant, et ses lèvres plutôt que sa voix répondirent : — Oui, madame.

Les nobles épaules de la marquise se soulevèrent légèrement. Cela voulait dire, à coup sûr : — Voilà une fille qui a l'air bien bête !

Et alors les baisers de couvrir de plus belle le front blanc et les joues fraîches de Georgina. Ensuite on se remit en marche avec l'enfant tout émerveillée, et Marie suivait sa fille, en tenant à deux mains son cœur de mère qui bondissait !... car derrière elle, il y avait la foule, intolérante et hargneuse, prête à crier au scandale, prête à dire d'une voix immense : — Noble dame, votre bouche caresse l'enfant d'une prostituée !

Pourtant elles eurent pitié d'elle, ces femmes... Elles ne lui ôtèrent pas la joie que le hasard venait de lui envoyer.

Mais après que Georgina eut passé dix minutes dans ce conte de fées, elle en revint à penser à sa mère qu'elle ne voyait plus, et tout de suite elle se retourna effarée en criant : — Maman ! maman !

Les deux dames s'arrêtèrent et ne virent que Marie...

— Eh bien?... demanda mademoiselle Nancy ; où donc est-elle votre mère, ma jolie petite?

— Tiens ! vous le savez bien !... la voilà, Maman ! dit Georgina qui courut prendre le tablier de Marie.

— Comment! s'écria la marquise en se mordant les lèvres... C'est vous qui...

Et comme les curieuses femmes revenaient toujours, d'un air impérial elle leur fit signe de s'éloigner.

— Mais alors, reprit la noble dame après un silence glacial, comment cela se fait-il?... Vous paraissez une pauvre femme, et vous avez un enfant de duchesse?... mais cela ne s'est jamais vu, n'est-ce pas, Nancy? C'est à n'y rien comprendre, en vérité! Enfin... comment faites-vous?

—C'est mon secret, Madame, répondit Marie avec un triste sourire.

— Avez-vous un mari?

— Non, Madame.

— Avez-vous un état?

L'infortunée ne répondit pas; mais deux larmes brûlantes tombèrent sur le front de Georgina.

La marquise la regarda long-temps avec ce je ne sais quoi des grandes dames, qui n'est ni de l'insolence, ni de la pitié, et qui offense pourtant et qui blesse comme une usurpation, comme une aumône mal faite.

— Où demeurez-vous? dit-elle enfin... Comment vous appelle-t-on?

—Je ne pense pas, répondit Marie, en rendant cette fois regard pour regard, je ne pense pas que des dames comme vous puissent avoir affaire à une femme comme moi!...

— Eh! qu'en savez-vous? dit impétueusement la

marquise. Si je veux vous revoir, moi? Si j'aime cet enfant que vous tenez là, serré sur vous à l'étouffer, comme si vous le gardiez de mes mains?.... Vraiment, Nancy, ces gens du peuple sont d'un orgueil depuis leur révolution!... Voyons, je serai plus confiante que vous, moi!... Je me nomme la marquise de V***; je demeure à l'hôtel Britannique; c'est bien l'hôtel Britannique, n'est-ce pas, mon neveu?... Je voulais partir ce soir, mais j'ai changé d'avis, je reste. Je me lève à midi. Venez me voir demain, avec ma petite Georgina! Viens, mon amour, que je t'embrasse! Ne tremble pas, ma gentille... J'ai la voix méchante, vois-tu, parce que je suis malade... Mais c'est tout!

Georgina se laissa faire, tout en ayant un peu peur, et les trois étrangers la laissèrent avec Marie.

A vingt pas de là, la marquise, qui s'était déjà retournée plus d'une fois, dit à son neveu: — Monsieur le comte, cette femme paraît fort connue ici; demandez donc un peu à quelqu'un qui elle est, et ce qu'elle fait?... Je crois, entre nous, que ce sont là des renseignemens qui ne peuvent être pris décemment que par un homme!

Le neveu obéit, et quand il rapporta la réponse que vingt bouches pour une lui avaient faite: — Je m'en doutais, dit froidement la marquise... N'importe! nous verrons demain.

Marie passa une nuit terrible. Elle avait compris, la pauvre femme, que ce qui venait de lui arriver n'était point un événement ordinaire, qu'il pouvait y avoir là-dedans un sourire de la Providence, une tardive faveur de Dieu. Car elle était pieuse, Marie ; et à présent même, sa vie est encore un incompréhensible mélange de cynisme et d'adoration. C'est pourquoi, quand elle eut regardé sa fille s'endormir souriante dans des rêves d'or et de perles, elle se mit à genoux, et pria long-tems à côté de ce petit lit tout blanc qui lui rappelait l'innocence de ses beaux jours. Et puis alors son être se divisa ; il y eut la femme coupable, et prosternée le front dans la poussière, qui confessa ses fautes; et la mère debout, glorieuse et fière dans son immense amour. Et la première déroula devant l'autre les dix années d'horribles misères qu'elle avait parcourues, et l'autre fut appelée à dire si la tâche avait ou non excédé les forces humaines.

— J'ai souffert d'abominables douleurs, s'écriait la malheureuse. Chassée, battue, maudite ! sans une voix au monde qui pût crier à l'infamie d'attendre, à la malédiction de remonter, car je n'espérais qu'en Georges, et le pauvre Georges était mort !... Je me suis enfin un jour traînée sur le passage de l'homme qui avait abusé ma mère et tous les autres ! En plein midi, en plein marché, je l'ai attendu et je me suis jetée à ses pieds, et je lui ai dit que c'était bien lâche d'accuser une femme innocente ; et comme je pleurais, il a ri ! et comme je criais, parce que j'avais la rage au cœur, parce qu'à cette heure-là je l'eusse tué, sans mon enfant... il a dit que j'étais ivre, et il a continué son chemin !... Alors j'ai entendu, comme si c'eût été la ville entière, rire comme il avait ri, redire l'insulte qu'il avait dite, et j'ai bien vu, mon Dieu, que j'étais perdue !... J'aurais dû fuir, en emportant mon enfant, et chercher ailleurs notre pain à toutes les deux, mais j'aimais moi, ces murailles ennemies ! Je les avais connues, étant toute petite, ces maisons impitoyables qui se fermaient à mon approche !... J'étais une plante poussée dans leurs fentes, à leur ombre... Je ne voulais pas quitter mon pays ! Je suis restée. Mais depuis lors, quelle a été ma vie, grand Dieu ! J'ai osé accepter l'ignominie dont ils m'avaient couverte ; j'ai osé être ce qu'ils disaient, la chair et le sang de leurs orgies : infâme entre les infâmes ! J'ai cessé d'être une femme, j'ai cessé d'avoir une âme ; je suis devenue une brute, une chose passive, sans résistance, sans réflexion, sans délibération... pendant une heure d'abord, puis des jours entiers, puis toujours !... Et quand par hasard je m'éveillais de cette ivresse infernale, lorsque ma corruption m'apparaisait sous les flétrissures de mon visage, j'avais peur de moi et je pleurais bien amèrement, Seigneur ! Et dans cette horreur que je me faisais, pour échapper, si jeune, hélas ! à cette décrépitude du vice qui me soufflait sa mort sur les épaules, j'allais dans les rochers demander aux carriers s'il leur fallait une servante, dans la forêt ramasser du bois, dans les champs, dans les vignes, offrir mes bras pour ce qu'on en voudrait donner. Mais on n'est pas libre de remonter de l'abîme ! Quand une malheureuse femme a glissé dans la boue du monde, le monde ne permet pas toujours qu'elle se purifie... Les bagnes ne sont pas tout là-bas, où l'on dit qu'ils sont ! La récidive n'est pas une nécessité rien que pour les voleurs et les assassins !... Oh non, mon Dieu ! Oh non ! Les moissonneurs et les vendangeurs n'ont point voulu de moi, j'aurais perverti leurs filles !... Les carriers m'ont demandé en riant comment je l'entendais, et si je me moquais d'eux... Les gardes de la forêt m'ont arrêtée ! J'ai cherché encore ; j'ai essayé de travailler pour les entrepreneurs, au prix que l'on paie les prisonniers ; mais les prisonniers sont nourris .. les prisonniers n'ont pas leur enfant avec eux. Je n'ai pas pu ; c'était moins que l'aumône !... Je suis retombée, mais autrement, mais méchante cette fois, capable de tout, rendant au monde haine pour haine, malédiction pour malédiction !... Et à présent c'est fini, je ne me relèverai plus que sur les bras de ceux qui portent les morts !... Mais alors, comment paraîtrai-je devant vous, mon Dieu ? Ai-je quelque chose à mettre en regard de mes souillures ? Ai-je fait assez de bien, ô balance du dernier jour, pour seulement ébranler l'immense plateau de mes iniquités ? Non... Eh ! l'aurais-je pu ? Ils ne m'ont laissé les mains libres que pour le mal.... Désespoir ! désespoir ! Oh ! c'est bien vrai, n'est-ce pas, mon Dieu ? je serai parmi ceux que les anges du Jugement rangeront à la gauche de votre fils bien aimé, et à qui la voix suprême dira : « Allez, maudits, au feu éternel! »

— Non! répondait la mère, console-toi, pauvre femme : tu seras pardonnée, car tu as beaucoup aimé! Car, au milieu de ta fange, au plus fort de tes coupables ivresses, tu n'as jamais oublié l'ange qu'il t'avait été donné de mettre au monde, tu l'as toujours gardé de tout contact impur, comme un diamant dans son écrin. Il te sera tenu compte, sois-en sûre, de ces bonnes heures du jour et de la nuit où, seule, sans témoin que Dieu qui regarde toujours les mères, tu venais à petit bruit ouvrir cette chapelle mystérieuse, saintement arrangée pour ta jolie petite fille, et t'agenouiller, comme à présent, et regarder long-temps ta Georgina dans tes larmes, sans oser l'embrasser le plus souvent, de peur que ton souffle ne ternît l'innocente fraîcheur de son visage! Console-toi! console-toi... Espère! ton amour, Marie, a presque sanctifié tes vices. Dieu est juste : sans cela, est-ce qu'il serait Dieu? Il sait bien que la vie est un combat où les faibles succombent; il n'exige de personne la victoire... Ce qu'il impose à tous, c'est le courage. Tu as été vaincue, mais tu avais lutté. Du repentir, mais pas de désespoir, femme? Moi, mère, je t'absous! Car ton estomac a crié de jeûne; car l'hiver t'a trouvée sans vêtemens, et jamais ton enfant n'a eu faim, jamais ton enfant n'a eu froid. Ce bois que tu allais prendre au roi dans sa forêt, c'était pour que la nuit, par une porte mal jointe, par une fente oubliée, le terrible vent d'est, qui fait ici tant de poitrinaires, n'arrivât pas froid jusqu'à ta fille. L'argent que le monde jetait sur l'horrible livrée qu'il t'a forcée de prendre, pauvre Marie, ne t'a jamais profité, à toi ; tu l'as changé en parures pour Georgina, et l'emploi en a effacé la source... Aujourd'hui, tu as eu ton triomphe ! une marquise t'a enviée ! Console-toi ! console-toi ! Au jour terrible, toutes les saintes mères qui sont là-haut joindront les mains pour tes péchés. Mais tu n'as pas achevé de mériter ce pardon céleste, Marie ; le dernier sacrifice, le plus grand de tous n'est pas accompli. Jusqu'ici, criminelle vigilante, tu as bien su garder un enfant... mais sauras-tu, pourras-tu garder une jeune fille ? Encore quelques années, et chez l'ignorante Georgina les yeux de l'esprit s'ouvriront... Que feras-tu quand ton enfant sera une femme ? quand elle marchera dans les voies de misère qui t'ont menée où te voilà ? quand, parmi les hommes que tu connais, il y aura des monstres qui viendront te la marchander ? quand elle verra des insolens ricaner sur ses pas, et celles de son âge la fuir ? quand elle saura qui tu es, Marie !... Que feras-tu, dis ? Placée entre son déshonneur et son mépris, lequel choisiras-tu ? Femme, quand le Seigneur s'apaise, il envoie un signe à sa coupable créature. Ce signe, tu l'as vu. Cette marquise est l'envoyée de Dieu ; elle vient chercher ta fille, elle vient sauver Georgina... Soumets-toi !

Et la nuit s'acheva ainsi dans un déchirant dialogue. L'heure venue, la femme avait cédé.

A midi, Marie partit avec Georgina. L'enfant était tout heureuse d'aller voir la bonne dame qu'elle trouvait à la fois bien bonne et bien méchante. En chemin, la mère tremblait. Si la marquise sait qui je suis, pensait-elle, voudra-t-elle seulement me recevoir ?

Arrivée à l'hôtel, elle demanda madame de V*** et fut introduite aussitôt.

La marquise était dans sa chambre avec mademoiselle Nancy qui lui lisait la *Quotidienne*. Elle fit un signe de tête à la mère et prit l'enfant sur ses genoux ; et ce furent des caresses à rendre Marie jalouse.

Puis la demoiselle de compagnie emmena Georgina, et les deux femmes se trouvèrent face à face, la marquise, majestueusement couchée sur une chaise longue, Marie debout, humble et dévorant ses larmes.

Il y eut d'abord un silence pénible. L'une tremblait d'entendre la question que l'autre craignait de faire.

Enfin la noble dame se décida.

Marie, dit-elle d'un accent qui donnait à ce nom une signification terrible, approchez !

La mère frissonna : on la connaissait ! Elle obéit en chancelant, et ses larmes se firent jour, et elle tomba à genoux, les mains jointes.

La marquise voulait être sévère, mais comment ? mais de quel droit, à la vue de cette femme prosternée ?

— Que faites-vous ? dit-elle tout émue, en se penchant vers Marie... Mais relevez-vous donc! je le veux... Je ne suis pas ton juge, moi, pauvre femme...

Et elle ne sonna point, non! elle se leva elle-même, et puis se courba pour approcher un siége.

Marie se releva, mais elle ne prit point le fauteuil; elle resta debout.

— Voyons, Marie! dit la marquise... soyons raisonnable. Eh, bon Dieu! je ne vous ai rien dit, moi!... Voulez-vous m'écouter? On m'a raconté de vous une assez lugubre histoire; un enlèvement; un homme qui voulait vous épouser, laissé pour mort dans la forêt.

— Mensonge! Madame! mensonge? s'écria la malheureuse avec un accent d'indicible vérité.

— C'est un mensonge? répéta la marquise... C'est possible... En général, on n'épargne pas aux femmes cette commode espèce d'argument, tant mieux, donc, Marie, si c'est un mensonge. Depuis...

— Oh! Madame!..... répliqua la mère suppliante.

— C'est juste... c'est juste... D'ailleurs, cela ne me regarde pas. Venons à l'essentiel. Aimez-vous votre fille, Marie?

— Si je l'aime, madame!

— On me l'a dit. Sur ce point, du moins, on vous rend une entière justice. Alors, Marie, puisque vous aimez votre fille, vous ne seriez pas fâchée qu'elle fût heureuse?

— Dieu sait que je n'ai pas d'autre désir, répondit la mère en soupirant.

— Croyez-vous franchement qu'elle puisse l'être avec vous?... Voyez! cherchez!.. Ce n'est pas un doute que j'émets... Loin de moi la pensée de vous insulter... Répondez seulement à ma question.

— Non, Madame, je ne le crois pas! dit la mère en se cachant le visage.

— Eh bien! donnez-moi votre enfant..... Voulez-vous?

Marie s'attendait à cette proposition si terriblement généreuse... et cependant elle tressaillit; il lui sembla, la pauvre mère, qu'une main de fer rouge lui arrachait les entrailles.

Elle n'eut pas la force de répondre.

La marquise avait eu besoin elle-même d'un certain courage pour entamer une question qui, après tout, ne manquait point de gravité! Elle continua toutefois.

— Voyez-vous, Marie, dit-elle, je suis fort riche, et je peux faire du bien. J'avais une fille jeune et charmante, comme la vôtre... Je l'ai perdue... elle est morte!... L'ange est remonté au ciel!... J'ai toujours aimé les enfans : vrai, Marie! j'avais le cœur d'une mère... Mais il paraît que je ne devais pas être heureuse deux fois... A présent, je ne suis plus jeune, comme vous voyez : tout espoir est détruit, et il manque à ma vie une affection. J'ai, à la vérité, des neveux parfaitement aimables et dévoués : c'est le privilége naturel des tantes riches. Je leur donne ce qu'ils me demandent, de l'argent... et c'est tout. Quant à ma tendresse, il n'en est pas question. Il leur serait aussi indifférent de l'avoir qu'impossible à moi de la leur accorder. En conséquence, avec mon nom, mes titres, mes deux ou trois cent mille livres de rentes, je suis fort malheureuse, et je m'ennuie à mourir : les femmes ne vivent pas sans aimer, vous savez bien cela, Marie ! Hier donc, j'ai vu votre enfant, et je vous déclare que c'est bien la plus adorable petite fille qui existe, que j'en suis folle, qu'il me la faut, et que si vous me la refusez, vous n'avez ni cœur ni âme !

Et après ce discours, la noble dame reprit sa majestueuse attidude ; elle trouvait probablement la réplique impossible. Marie se taisait toujours.

— Eh bien ? reprit vivement madame de V..., c'est convenu, n'est-ce pas ; j'emmène Georgina ?

— Vous emmenez Georgina ! s'écria la mère en regardant d'un air égaré, comme quelqu'un qui ne comprend pas... Mais c'est ma fille, à moi, Madame !

— Mais je le sais bien, ma pauvre Marie !...

Alors, Madame... où donc avez-vous vu que les mères donnent leurs enfans ?

— Ah ça, ma chère, vous n'êtes pas raisonnable, dit la marquise avec impatience. Que voulez-vous donc faire de votre fille ? une malheureuse comme vous ?

— Et qu'est-ce que vous en ferez, vous, madame ? répliqua la mère révoltée.

— Moi ?... J'en ferai mon occupation de tous les

jours; je lui donnerai de l'instruction, des talens; j'habillerai son âme aussi jolie que son corps; je serai sa grand'mère et elle sera ma petite fille; et, quand nous en aurons fait une belle grande demoiselle, bien élevée, s'il se trouve parmi ceux qui l'aimeront un homme digne d'elle et de nous, nous la marierons à cet homme avec une dot raisonnable, quelque chose, comme une centaine de mille francs... Trouvez-vous que ce sera bien?

Marie regardait parler la marquise sans oser remuer, ni respirer, ni se rendre compte de ce qu'elle entendait; elle se demandait l'infortunée mère, si ce n'était pas là un simple amusement de grande dame, une raillerie inhumaine et monstrueuse.

— Oh! madame, madame! répondit-elle enfin, on ne joue pas avec le cœur d'une mère!... Vous ne voulez pas, m'ayant ainsi à vos pieds, parce que je suis une femme méprisable, vous moquer de moi dans mon enfant?... Ce que vous venez de me dire est vrai?... Vous voulez cela?... Vous ferez cela pour ma fille?

— Ceux de ma maison ne mentent point, dit fièrement la marquise de V... Je ferai ce que j'ai dit... Je m'y engage. Je vous le jure!

— Alors, soyez bénie, madame! répliqua Marie à genoux, dans sa reconnaissance infinie... commandez-moi; je vous appartiens!... Ma fille! ma fille! Comme elle va donc être heureuse, Seigneur!...

— Asseyez-vous, Marie, dit madame de V... en détournant la tête pour cacher son émotion.... Je n'ai pas tout dit... Il y a une condition.

— Laquelle, madame, dites! dites-la tout de suite... Oh ! je suis prête à tout ce que vous voudrez.

— Cette condition, à présent que j'y réfléchis, est peut-être un peu dure...... ; mais elle est indispensable.

— Ah oui ! dit la mère résolument, il faut que je me tue, n'est-ce pas, madame !

— Vous tuer !... s'écria la marquise, vraiment frappée d'admiration... Te tuer, pauvre femme! Ah ça, tu l'aimes donc bien ? Mais non, ce n'est pas cela.

— Qu'est-ce donc, alors? Parlez.

— C'est qu'il faut que vous me promettiez de ne jamais la revoir, Marie !

— Ne jamais revoir mon enfant, vous dites!..... Oh! mon Dieu!... Ce que je vous offrais était moins dur, vous avez raison ! ne jamais la revoir, elle, ma Georgina, tout mon malheur et toutes mes joies, et toute ma vie sur la terre! Oh! mais pensez-y donc, madame!... Jamais! c'est la damnation! c'est l'éternité!.. Jamais!.. Oh! quand elle sera si belle, et si grande et si heureuse, quand vous en serez fière, vous? quand tout le monde l'aimera? quand elle aura oublié jusqu'à mon nom, à moi misérable... Jamais encore?... Jamais?... Pourtant? madame... si elle est malade?... Vous ne savez pas, vous, personne ne sait soigner ma petite fille... Il ne s'agit pas d'avoir seulement des médecins, quand un enfant est malade, madame; c'est le jour, c'est la nuit, c'est toujours qu'il faut être-là, sans parler, sans faire de bruit, sans vivre, et veiller à tout cependant, et tout épier, tout redouter, un peu d'air, une goutte d'eau, une mouche qui bourdonne; car tout est grave alors, car les minutes sont des heures, voyez-vous... Et si la mère avait le malheur de s'endormir comme ferait une garde, l'enfant mourrait, bien souvent !... Je l'ai eue malade, allez ! Je sais ce que c'est...

— Moi aussi, Marie, dit la marquise d'une voix tremblante... J'ai veillé ma fille, comme vous la vôtre... Et elle est morte !...

— Vous voyez bien !... Eh quoi ! madame, chez vous, dans votre hôtel, on ne trouverait pas un pauvre petit coin, bien caché, bien noir, pour y mettre une malheureuse mère ?... Je ne veux pas vous être à charge; je travaillerai, je ferai ce qu'on voudra. Dans le service, il y a des choses répugnantes que les valets n'aiment pas à faire; on me les donnera; je serai la servante des servantes. Qu'est-ce que c'est qu'une personne de plus dans une forte maison ? Un peu de pain comme les chiens en mangent, une paillasse dans le grenier et la permission d'embrasser quelquefois Georgina, voilà tout ce qu'il me faut... Est-ce donc tant, madame ?

— Non, Marie, répondit l'infléxible marquise; c'est bien peu; mais c'est impossible...

— Pourtant, si je le voulais, madame ?... Car enfin, une mère a des droits, s'écria Marie désespérée.

— Alors, je vous dirais de garder votre fille, répondit froidement madame de V***.

— O mon Dieu ! dit la mère en se tordant les bras, mon Dieu que j'ai offensé ! pardonnez à ce monde qui vend ses bienfaits si cher !

— Vous me trouvez dure, Marie; vous me trouvez impitoyable, reprit la marquise en cachant ses larmes... Et vous ne voyez pas que vous êtes folle en ce moment ! Je veux sauver, moi, cet enfant qui me plaît et que j'aime, et vous ne voulez pas m'aider, et, mère idolâtre, vous reculez devant un sacrifice !... A votre âge, Marie, on ne change plus. Vous êtes perdue pour toujours, faut-il que je vous le dise ! Et quand je viens soustraire le fruit à la corruption, vous me proposez de remettre la corruption à côté du fruit? Vous demandez à venir chez moi... et qu'y feriez-vous ?... Il ferait beau, vraiment, de voir la mère fille de cuisine dans une maison où commandera l'enfant!... Ainsi, vous l'adorez; ainsi, tout à l'heure, vous me parliez de mourir pour elle, et vous n'hésiteriez pas à la rendre infâme, vous trouveriez tout simple qu'elle rougît de vous, sa mère. qui l'avez nourrie et élevée. Non. Marie; cela ne ne se peut pas. Femme, porte, si tu veux, la peine de tes fautes ; mais tu n'as pas le droit d'en faire ton enfant complice. Pleure, pauvre déshonorée ! meurtris toi le sein ! couvre tes cheveux de cendre ; mais n'expose pas l'innocent à t'outrager dans ta pénitence. Tu veux le bonheur et le salut de ta fille ! brise à l'instant les nœuds souillés qui t'unissent à elle ! Ne l'oublie jamais, consens qu'elle t'oublie ; là sera ta peine, là sera ton martyre ; là aussi sera ton expiation ! Dieu t'a choisie pour mettre un ange sur la terre ; un ange, entends-tu, et non pas ton semblable. L'heure est venue pour toi d'être la plus pardonnable ou la plus condamnable des femmes ! Choisis.

Le visage de la marquise avait pris une expression sublime. Sa voix pénétrante empruntait quelque chose de divin à l'émotion qui remplissait toute sa personne. Marie courba la tête, subjuguée, respectueuse : ce qui venait de parler, c'était toujours la voix prophétique qu'elle avait entendue pendant la nuit...

— J'obéirai, madame ! murmura t-elle suffoquée.

Madame de V*** lui tendit une main que la malheureuse couvrit de baisers. Et puis, elle reprit sa tranquillité de grande dame pour lui dire le plus simplement du monde :

— C'est bien, Marie : maintenant que je vous ai fait mes conditions, faites-moi les vôtres.

— Les miennes ?... demanda la mère en ouvrant tout grands ses yeux inondés de larmes... Et quelles conditions pourrais-je vous faire, madame ?... Aimez ma fille, hélas !... Voilà, je le vois bien, tout ce que Dieu me permet d'exiger. Aimez-la ; et par tout ce que la nature a laissé de pur dans mon être avili, je vous le dis encore, madame, soyez bénie !

— En me chargeant de votre enfant qui est maintenant le mien, ma chère, je n'ai pas entendu vous abandonner. Voyons : vous êtes pauvre, combien vous faut-il ?

Marie prosternée se redressa à cette funeste interrogation ! Et la marquise dut baisser les yeux à son tour, car la mère outragée était terrible à voir.

—De l'argent ! s'écria-t-elle d'une voix foudroyante.. on m'offre de l'argent !... Oh ! plus rien ! plus rien ! je veux ma fille, il me la faut !... De l'argent, à moi ! à une mère ! On lui prend sa fille, qui est son sang, sa vie, et puis on lui demande combien il lui faut !... Et vous avez été mère, vous ? et vous osez me dire que vous avez jamais entendu la voix de vos entrailles ?.... Vous mentez, madame !... Une mère n'achète pas les enfans des autres... Je veux ma fille, madame ! je la veux, entendez-vous ! vous ne l'emmènerez pas !... Que me fait, à moi, le deuil de votre cœur !... que me fait le vide de vos affections ! Je veux ma fille, il me la faut... elle restera avec moi, dût-elle me ressembler et me surpasser, et, quelque jour, épouvanter le monde du spectacle de ses débordemens... De l'argent ! à une mère ! ô mon Dieu ! mon Dieu !

Et elle tomba, sans force, abîmée dans sa douleur, ne voyant plus rien à travers ses larmes, n'entendant plus rien sous le bruit de ses sanglots.

Quand elle revint à elle, la marquise était debout, pâle et les mains jointes, qui lui demandait pardon !

Et tout fut oublié, et la pauvre Marie eut un instant

d'immense bonheur: la marquise avait ouvert ses bras, et elle tenait serrée sur son cœur cette femme si héroïque au milieu de ses souillures, et leurs larmes confondues étaient comme un divin baptême où dix ans de malheurs et de fautes venaient de s'effacer.

Et puis, quand elles furent calmées, la marquise sonna, et mademoiselle Nancy revint, tenant par la main Georgina chargée de cadeaux, tout joyeuse, tout émerveillée.

Alors Marie s'assit et appela son enfant, qui s'en vint l'embrasser et lui montrer ses beaux joujous. Et la mère prit sa fille dans ses genoux, et elle la regarda long-temps, belle de douleur comme jamais ne fut Niobé.

— Qu'est-ce que tu as donc, maman ? dit la petite : tu pleures! Est-ce qu'on t'a fait de la peine ? Ils sont pourtant bien bons ici !

— Georgina, dit Marie d'une voix creuse et solennelle, tu vas pleurer aussi, peut-être! nous allons nous séparer, mon enfant !

— Nous séparer! répéta Georgina en laissant tomber ses joujous. Mais je ne veux pas, moi! je veux rester avec maman!...

— Tu n'as plus de maman, ma pauvre Georgina! reprit la mère avec un effort surhumain.

— Que faites-vous, Marie ? s'écria la marquise.

— Mon devoir, madame!... Tu me croyais ta mère, Georgina... Je ne suis pas ta mère! je n'ai été que ta nourrice, entends-tu? Ta mère, ma chérie, est morte quand tu étais toute petite, et tu ne l'as jamais vue... A présent, j'ai fini la tâche d'amour que je m'étais imposée en l'absence d'une autre, et nous allons nous quitter!... Ne pleure pas, mon trésor! n'abime pas tes jolis yeux... C'est cette belle dame, vois-tu, qui sera ta maman et qui t'aimera bien, et qui te fera bien riche et bien savante... Ne pleure pas, mon enfant... Vois-tu, moi, je suis contente, parce que je sais comme tu vas être heureuse!... Adieu, Georgina... sois bien sage, bien obéissante, et... et quelquefois, entends-tu, pense à ta pauvre Marie de Fontainebleau!...

L'immolation était complète, et il fallut arracher l'enfant du corps de sa mère évanouie.

Voilà le sujet du poème de Marie; en savez-vous beaucoup qui soient plus beaux?

—

L'héroïque martyre a-t-elle tenu parole? N'a-t-elle jamais cherché à revoir sa fille? je ne sais; mais on rencontra une fois, sur la route de Fontainebleau à Paris, une femme qui s'en allait toute seule par les chemins; et cette femme venait à Paris chercher une maison dont elle ne savait pas la rue; et puis quand elle l'eut trouvée, après trois jours de courses effroyables, parmi les risées des passans, la boue des voitures, l'inquisition des sergens, on vit la pauvre voyageuse se tenir tout un jour devant une porte cochère d'où sortit, vers cinq heures, une calèche dans laquelle étaient deux femmes et une jeune fille : la voyageuse envoya un baiser dans la calèche, où personne ne l'avait vue, et s'en retourna à pied, comme elle était venue. Un autre jour, c'était la première communion à l'église Saint-Thomas-d'Aquin; quand les blanches vierges défilèrent, plusieurs remarquèrent une femme adossée à un pilier et qui pleurait, sans être vue par celle qu'elle était venue voir. Il y a quelque temps, enfin, c'était grande fête à l'Assomption, un mariage illustre et pompeux; deux cents voitures encombraient la cour de l'église et les rues d'alentour. Lorsque la belle mariée descendit le perron, parmi les mendiantes qui l'attendaient, une étrangère, plus hardie que les autres, saisit le bas de son voile et le baisa : et la mariée ne vit point la mendiante.

C'était toujours Marie de Fontainebleau.

III.

UN PEU DU PRÉSENT,

En mettant le pied dans Fontainebleau, on sent tout de suite la ville royale. Les abords sont largement ouverts splendidement alignés ; c'est grand et riche. L'arrivée de Lyon, d'Orléans et de la Bourgogne est surtout superbe. Ces trois routes, magnifiques avenues taillées en pleine forêt, viennent aboutir-là, dans toute leur majesté, à un rond-point qui les reçoit sans gêne, elles et leurs mille parallèles, et tout ce qu'elles apportent incessamment, comme la mer recevrait trois fleuves, et leurs canaux, et leurs vaisseaux. Au milieu de ce rond-point est un obélisque qui, vu à vol d'oiseau, pourrait dans une langue moderne être appelé la *chocnosophe* goupille d'un éventail *chicandard*. Mais nous, nous ne sommes pas en train de rire, hélas! et nous vous dirons donc tout simplement que l'obélisque dont il s'agit fut érigé à la fécondité glorieuse de Marie-Antoinette une bonne mère, trop cruellement punie, j'imagine, d'avoir été la femme d'un roi... Passons sur ces mauvais souvenirs.

Vous voici à la barrière de Nemours. La barrière

franchie, vous êtes dans une belle grande rue, faite d'hôtels et de jardins. Point de fabriques, point d'usines; la ville est sans eau... A moins, cependant, qu'on ne tienne pour fabrique une petite *calicoterie*, unique vestige connu de la grandeur industrielle des Desurmont. A droite, ce sont les jardins du palais; à gauche, c'est d'abord un charmant pavillon, royal caprice de quelques cent mille écus, jetés-là, sans façon, au bord de la forêt, pour les petits voyages de madame de Pompadour. Ceux qui l'ont maintenant trouvent bons de planter le parc en pommes de terre, et convenable de garder en échappée, sur le chemin, deux immenses sauts de loup, inventés, je pense, pour la mort des rêveurs et des ivrognes. Puis le savant jardinier Heymar *et sa superbe collection de dhalias*. Puis bien d'autres demeures, jadis toutes massives et toutes magnifiques, jadis pleines de Bourbon, d'Orléans, de Condé, de Montmorency, de Richelieu, de Valois; ou bien de Poix, d'Havré, de Grammont, de Noailles, de Choiseul, de Polignac, aujourd'hui mutilées, raccourcies, rabougries, défaites, des maisons bourgeoises ou des auberges, parmi lesquelles vous remarquerez l'hôtel de la Poste qui a gardé sa vieille enseigne d'hôtel de la Galère, si précieusement sculptée; le lieu dit le *Tambour*, avec une porte florentine plus belle que celles du Luxembourg, etc. Le château finit la haie d'un côté, et en face du château c'est la maison de madame Roux, l'hôtel de France, rendez-vous nécessaire de tout voyageur qui veut bien vivre, et être confortablement logé.

Or, parmi toutes ces maisons vieilles ou neuves conservées dans leur ruine ou défigurées par les maçons contemporains ; au milieu des débris reblanchis de tant de logis illustres, la plupart bâtis par le grand Serlio qui s'excusait devant ses frères d'Italie d'en avoir trop brodé les murailles : — Ayez égard au pays où je me trouve, leur écrivait-il ; prenez pitié des fautes que je fais, et portez-vous bien. A deux pas du terrain de manœuvres dont la belle porte encore debout reste seule pour apprendre que là fut le palais d'Hippolyte d'Est, tout à côté de l'école chrétienne des filles, il y a, dans la rue Royale, une bizarre habitation. C'est une maison grise, plus large qu'elle n'est haute, avec une porte blanche, un étage et des mansardes par dessus. Les volets sont fermés à presque toutes les fenêtres ; une ou deux seulement laissent voir leurs vitres obscures à travers un formidable grillage qui les défend des hommes et des chats. Elle est triste ainsi, cette maison ; elle est boiteuse, sale, on la dirait crépie par les araignées. Elle n'a pas l'air vieux précisément, elle a l'air malade. Vous la prendriez pour une dépendance de l'hospice, son voisin, bonne à enfermer les fous, par exemple. La rouille des barreaux a pleuré lamentablement le long des murs ; le toit a perdu des tuiles qui se sont brisées en tombant et que personne ne balaie. C'est écorché partout comme un corps mort qui montre les os; et pourtant on comprend que ce n'est pas désert ni abandonné, qu'il y a quelqu'un la-dedans. Mais qui? Un ennemi des vivans, à coup sûr! Un usurier! Le père Brunswick peut-être... Lorsque j'ai vu cela pour la première fois, je me suis rappelé involontairement une mystérieuse et muette maison de la rue des Marais, à Paris, que moi et bien d'autres croyions avoir fermée pour jamais en 1830; et si, au lieu d'être à Fontainebleau, avec sous-préfecture, j'avais été au grand chef-lieu, à Melun, j'aurais, je crois, demandé aux passans : — N'est-ce pas ici que demeure le...? je n'ose pas dire quoi : celui de Paris a failli me faire jadis un procès en diffammation pour l'avoir ainsi appelé! mais bah! pourquoi confesser cette bêtise? Pourquoi chagriner le lecteur par la confidence d'une laide pensée de plus? J'ai quelque chose de plus agréable à lui apprendre. Cette maison est la maison d'une femme, et cette femme, a été la maîtresse de Charles X !...

Un instant, toutefois. Que les dévots de la dynastie défunte ne se voilent point le front! Quand je dis Charles X, je dis l'homme et non pas le monarque. Le roi de France n'a point à répondre des amoureuses folies du comte d'Artois.

Je fus conduit chez cette dame, un jour par un ami que j'ai laissé là-bas parmi trois ou quatre, bien bons et bien regrettés. Et d'abord, on n'entre pas là comme ailleurs, sachez-le bien, au moyen d'un heurtoir ou d'une sonnette. Il faut montrer patte blanche à l'unique habitante du lieu, et encore cette garantie ne suffit-elle pas toujours, la pauvre femme sait trop bien, hélas! que les loups s'habillent quelquefois en chèvre.

Il nous fallut donc regarder par les barreaux d'une lucarne entr'ouverte et chercher si nous n'apercevrions pas une forme humaine dans un coin quelconque du ténébreux antre que ladite lucarne avait la folle mission d'éclairer. Tout me parraissait là-dedans d'une obscurité fantastique; mais les yeux de mon guide, mieux faits à ce genre d'exploration, ne tardèrent point à m'indiquer une chose, moins noire que le reste, qui se tenait accroupie au bord de l'âtre, apparemment. Sûr de ce qu'il voyait, quand j'en étais encore à questionner mon regard, mon compagnon appela, d'une voix claire et amicale. Je vis alors s'agiter cet être indéterminé, et j'entendis comme un gémissement de crécelle qui demandait: *Qu'ést-la ?* Nous répondîmes nos noms, prénoms et le reste. La dessus la figure accroupie se déplia lentement, et cette fois enfin je vis que c'était une femme; mais dans quel état, grand Dieu!...

Elle vint à la fenêtre et nous regarda long-temps de ses deux yeux étonnés et méfians. Puis ayant reconnu mon ami, elle lui passa une clé à travers les barreaux, et nous ouvrîmes la porte intrépidement...

La porte est à deux battans, une porte charretière, je n'ose pas dire cochère, et l'intérieur fait remise. Je vis dessous une voiture; ou du moins les reliques d'une voiture ; on ne sait quoi, enfin, monté sur quatre roues déferrées : ni calèche, ni landau, ni berline ; quelque chose qu'on ne voit plus, qu'on ne connait plus, et qui ne restait entier là dessous, sans doute, que par le bienfait de son immuable immobilité. Certes, le carrossier qui a fait cette voiture doit être mort, et son enseigne tombée, et la maison vendue. Je regardais en compassion cette vieille machine rouillée, crevée, recoquillée, quand nos yeux rencontrèrent pendu au mur, parmi des paniers, des fagots, des souricières et toutes sortes de loques infimes, un portrait du maréchal d'Hocquincourt, par Mignard... un tableau de Mignard sous la porte cochère ! qui diable s'en fût avisé ? imaginez donc un bracelet dans des vieilles bottes !

Et comme je me tenais tout ébahi devant ma trouvaille :

— Bah !... vous allez en voir bien d'autres, me dit à demi-voix mon compagnon. Venez ça, venez !

Je le suivis...

Il faudrait être juge de paix ou M. de Balzac pour décrire ce que nous vîmes alors, une fois entrés. C'était la cuisine. Sous le manteau d'une haute cheminée, la femme était assise, presque par terre, et soignait une marmite assez suspecte, chauffée à la fumée de deux tisons en pleurs. La draperie de cette étrange figure, à demi-perdue dans les cendres, se composait d'une longue jupe et d'une sorte de tunique en basin blanc, diaprée de taches innombrables ; un grand mouchoir de mousseline, jaune comme serait un rideau la veille de Pâques, faisait sa coiffure. Maigre plus que les trois sorcières de Macbeth, elle avait sur ses genoux un sale torchon dans lequel luisaient des carottes et autres racines que ses mains tremblantes achevaient d'éplucher, et le poids des légumes entraînant avec ceux-ci le torchon et la jupe, dessinait d'effrayantes arêtes.

Elle nous pria de la laisser finir, en gromelant tout bas quelques lambeaux de phrases, plus semblables, je crois, à des malédictions qu'à des excuses. Son amour-propre, sa coquetterie peut être, *infandum!* quelque chose enfin, dans sa trois fois vénérable personne, se fâchait que nous l'eussions surprise en une si vulgaire occupation.

En attendant, moi, je regardais toujours. Il y en avait là pour un mois d'admirations folles. C'était un mélange de misère profonde, affreuse, sordide, et d'incompréhensible opulence. Je me figurais une portière ayant à garder les richesses du marquis d'Aligre. Une longue table, dont un seul coin restait libre pour le travail culinaire, faisait le principal meuble de la pièce dont il s'agit, et la prévoyance de la maîtresse du lieu avait réuni sur cette table, à portée de la main, tous les ustensiles quelconques usités en ménage. Ce bric à brac inqualifiable, immense, gisait là, comme on en voit à Paris, sur les ponts, à certains jours, ou bien aux abords de l'hôtel des commissaires-priseurs, quand la justice a jugé salutaire de mettre un créancier de plus en possesion des nippes de son débiteur. Tout cela tenait ensemble, figurez-vous bien, cimenté par un enduit de cendre et de poussière humides, dans lequel des graines eussent germé très certainement. Il y avait des assiettes restées sales depuis le premier jour qu'elles servaient, mais c'était du vieux Sèvres ; c'étaient des assiettes de deux cents francs. Il y avait des bouts de chandelle dans un plat, mais le plat était en argent, épais d'un demi-ponce. L'écume du pot au feu souillait un magnifique Palissy, et du persil trempait dans un hanap comme n'en a pas le grand-duc de Bade. Je ramassaï à terre un couteau de forme bizarre, tout noir de jus d'oignon ; c'était une vieille lame dont le manche était mort à la peine, et qu'on avait fichée tant bien que mal dans une figurine en vert antique ! Un œuf à moitié mangé moisissait dans un coquetier de cristal de roche. Que sais-je ! que dirai-je enfin ! L'argenterie d'un prince, le cabinet d'un artiste, tout un musée, écroulés du tombereau d'un boueur ! Le pêle-mêle admirablement horrible de cette table se retrouvait sur les buffets, partout. J'avisai contre la fenêtre une planche carrée qui servait de couvercle à une cruche ; c'était un tableau flamand, un Paul-Bril, je crois.

Cependant la dame du logis avait mis les légumes dans la marmite. Elle se leva, secoua le torchon qui lui servait de tablier, et, nous regardant tous deux d'un air qui voulait dire : Ce n'est pas moi que vous venez voir, elle prit le bras de mon ami pour passer avec nous dans une pièce plus décente, selon son opinion, du moins.

Elle s'était comme redressée en nous parlant, et je lui trouvai, moi qui les suivais, une sorte de majesté de théâtre que le contraste de son costume rendait assez risible. Elle y pensait sans doute; car elle se retourna.

— Vous avez lu Homère, monsieur ?

— Oui, mademoiselle, répondis-je tout déconcerté.

— Eh bien! alors monsieur, vous savez qu'Agamemnon et Achille faisaient la cuisine, reprit-elle avec une révérence.

C'était bien dit; seulement elle se justifiait-là de ce que je ne lui reprochais pas.

L'autre pièce avait dû d'abord être la salle à manger; mais la propriétaire en avait fait sa chambre, par ménagement pour ses vieilles jambes, qui ne pouvaient plus monter. Le même besoin de tout avoir sous la main donnait à cette chambre un aspect inexprimable. Je défie d'inventer pareil fouillis, non plus de vaisselle, non plus de poterie, cette fois, mais de meubles, de hardes, de chiffons, à rendre jaloux les fripiers de la rue Mouffetard. C'était d'autant plus éclatant que le jour y venait en plein par une grande fenêtre ouverte sur vingt ou trente mètres d'incultes broussailles appelées le jardin. Au fond était un lit, somptueux encore dans sa décrépitude, du lit à la porte il n'y avait pas place à mettre le pied parmi cet encombrement fantastique qui montait du sol au plafond, laissant à découvert çà et là quelques coins de tapisserie vermoulue où pendaient, en violation de toutes les règles de l'aplomb les plus magnifiques chefs-d'œuvre d'Edelinck et de Wille.

La maîtresse du logis prit quelque part, dans le tas, un morceau de taffetas vert à cordon, qu'elle attacha coquettement par dessus le tablier dont j'ai parlé tout à l'heure, et puis, aidée toujours du bras de mon ami, elle s'assit près de la fenêtre dans une niche formée par un immense fauteuil sur lequel une garde-robe entière était perchée.

Alors nous causâmes. Son petit mouvement de mauvaise humeur était passé. Nous fûmes bientôt à l'aise ensemble. Mon camarade était déjà une vieille connaissance pour elle ; quant à moi, ma mine lui revenait assez : je ressemblais à quelqu'un qui lui avait été agréable jadis. Si bien qu'elle finit par oublier la marmite et ce qui cuisait dedans, et son âge, et son asthme, pour nous raconter un peu de sa jolie vie de ce tems-là.

Sa conversation fut comme sa maison, étrange, incroyable, décousue, pleine d'éclats éblouissans et de pauvretés affligeantes. Je n'oserais pas l'écrire. C'était la première fois que j'entendais une femme parler ainsi ; et pourtant, ce laisser-aller était si merveilleusement spirituel que, pour ma part, en vérité, j'eusse été fâché qu'elle s'exprimât autrement.

Elle s'aperçut, tandis qu'elle parlait, que je la regardais de temps en temps avec un étonnement naïf, et elle me dit :

— Vous me trouvez un peu sans façon, n'est-ce pas? Que voulez-vous ! mon langage me ressemble, il est en déshabillé, à la vieille mode. J'ai l'âge où l'on ne se gêne plus beaucoup, mon bon monsieur, et ma cervelle est trop faible à présent pour que je l'use à chercher des synonymes.

Cette curieuse personne, mademoiselle T..., bien des lecteurs achèveront le nom, est à peu près, je pense, le seul témoin encore vivant de la plus galante époque de notre histoire. Elle a connu le maréchal de Richelieu ! Elle était dans les chœurs de l'Opéra ; elle avait quatorze ans. Elle brillait dans les déjeûners de jeunes filles qui furent le dernier amusement de cette vieillesse à jamais illustre et déplorable. Elle nous peignit, avec les couleurs froides et vraies qui n'appartiennent qu'au souvenir oculaire, la fin des exploits de ce lion, éternel désespoir de tous les lions présens et probablement aussi de tous les lions futurs. Nous vîmes Richelieu cassé, décrépit, mourant, porté chez lui sur les bras de ses valets de chambre; Richelieu, pour qui tous les jours on tuait un veau d'un an, afin d'avoir assez de chair fraîche pour l'en envelopper la nuit, donner encore le ton, faire encore, à sa fantaisie, la vogue ou la ruine des tailleurs, des brodeurs, des parfumeurs ; avoir des bonnes fortunes à plus de quatre-vingts ans, et trouver une fois par semaine, pauvre perclus qu'il était, assez de volonté, assez de puissance pour monter et descendre, droit, ferme et sans appui, l'escalier de l'Opéra, en présence de la cour émerveillée! Comme Mazarin, comme le cardinal de son nom, lui non plus ne voulait pas qu'on le crut mortel.

L'éducation donnée par un tel maître povuait mener loin une femme. Il paraît que mademoiselle T... accepta très bravement les conséquences de ses débuts.

Jolie, spirituelle, jeune, bientôt reine sur ces planches harmonieuses qui l'avaient vu pauvre et petite fille, elle eut la cour et la ville à ses pieds, comme on disait dans ce temps de madrigaux. Parmi ses nombreuses aventures, il y en aurait de charmantes à raconter. Malheureusement, et je le paie cher à l'heure qu'il est, je ne sais pas toujours sauver le fond par la forme. En conséquence, je m'abstiendrai; qui sait, d'ailleurs, si nous n'aurons point quelqu'un de ces jours la vie de mademoiselle T.... écrite par elle-même? Ce seraient-là de curieux mémoires certainement, et la *contemporaine* de Fontainebleau en sait plus que n'en a jamais su celle de Londres. On a tenté déjà de les lui faire publier, mais les frais d'impression l'ont épouvantée. Elle se croit si pauvre!

Depuis long-temps déjà elle habitait Fontainebleau, en rupture à peu près complète avec les joies de ce monde, quand Charles X, qui venait de monter sur le trône vint faire une grande chasse dans la forêt. La fantaisie prit à mademoiselle T... de voir quelle mine l'ancien comte d'Artois et elle feraient en se retrouvant. Peut-être à cette curiosité se mêlait-il un sentiment plus tendre... L'instrument qui sert à sonder le cœur des femmes est dans les seules mains du Seigneur! On attela donc deux fantômes de cheval à la voiture que j'ai eu l'honneur de vous décrire plus haut; puis vint un cocher digne de l'attelage, qui se chargea de conduire le tout au rendez-vous de chasse.

La *ville* entière était à ce beau carrefour de la Croix-de-Saint-Hérem. Le roi vint avec la *cour*. Mademoiselle T... le vit; il la vit aussi, mais il ne la reconnut pas... C'était bien triste!

Cependant l'antique Prima Donna de l'Académie royale ne s'en retourna pas. Elle suivit la chasse longtemps et patiemment, au grand ennui du cocher, au désespoir mortel de ses deux pauvres bêtes, tant qu'enfin le roi daigna s'enquérir de ce que pouvait renfermer cette vieille voiture qui s'obstinait à le suivre, quasi toute seule. Alors quelqu'un lui répondit avec un respectueux sourire, quelqu'un d'âgé aussi, et qui était du temps : — Sire, c'est une ancienne connaissance, mademoiselle T...

Toujours chevalier, le roi tourna bride aussitôt et vint à la portière du berlingot, mademoiselle T... était heureuse à s'évanouir. Elle ouvrait la bouche toutefois pour soupirer quelque chose de mélancolique, quand le roi s'écria en lui faisant la moue : — Oh!

mademoiselle, comme nous sommes devenus vieux!

Et tous les seigneurs de rire, pendant que le monarque s'enfuyait au grand galop.

C'était cruel, n'est-ce pas? Mais la bonne femme n'avait plus de rancune. Plus tard d'ailleurs à ce qu'on dit, le roi qui n'était point avare sut réparer assez magnifiquement ce petit excès de franchise. Elle faillit d'abord en devenir dévote et se détacher tout-à-fait de la terre, la pauvre Ariane! Puis l'amitié subite que lui témoignait le clergé la fit réfléchir. Elle s'imagina que l'Église songeait plus à sa fortune qu'à son âme, et elle en revint à sa vieille philosophie voltairienne. — Croyez-vous que je serai damnée, messieurs? nous disait-elle d'un air narquois. Pourquoi le serais-je? J'ai toujours été *honnête homme*!.. Quant à mes fredaines de femmes, qu'aura-t-on à me dire? je n'étais pas mariée..

Et là-dessus elle nous fit l'histoire des choses inouïes qu'on avait tentées pour la convertir. Il y a dans les lois de septembre et autres, certains articles fort dangereux qui s'opposent à ce que je vous la fasse comme elle nous la fit.

L'attention que nous mettions à l'écouter lui avait plu du reste. Après un assez long silence, elle tendit la main à mon brave compagnon pour qu'il l'aidât à se lever, et puis, prenant une clé cachée sous un amas de chiffons : — Nous avons assez parlé pour une fois, nous dit elle; venez, que je vous fasse voir quelques-unes de mes vieilleries.

Nous sortîmes avec elle, alors, et elle ouvrit une grande chambre; et en entrant dans cette chambre, M. Dusommerard lui-même, le savant et laborieux antiquaire, qui a fait de l'hôtel de Cluny mieux qu'un musée, mieux qu'un trésor, la plus merveilleuse collection de belles, riches et historiques choses que jamais homme ait possédée, et qui se prive, à son âge, et qui est pauvre, et qui jeûnerait au milieu de ces inestimables débris de l'art français dans tous les temps, plutôt que d'en échanger une parcelle contre tout l'or de l'étranger; M. Dusommerard, vous dis-je, se serait écrié d'admiration. Je ne parle pas des murs couverts des Vélasquez, des Van Dyk, des Salvator, des Vandermeulen, ni d'un Titien pendu entre deux portes, ni d'un Ribera qui sert de devant de cheminée, ni de tant d'autres dans lesquels s'égarent mes souvenirs affaiblis par l'absence : Je parle des bronzes, des émaux, des camaïeux, des verreries, de l'orfèvrerie dont il y avait là une confusion capable de donner l'idée du vol à des saints tant soit peu connaisseurs. Toujours à l'état de fouillis, bien entendu!

En entrant, j'avais vu deux bustes sur une console, des bustes en plâtre simulant le bronze, l'un d'un homme déjà mur, l'autre d'une jeune femme charmante, ayant dans sa physionomie spirituelle et mutine quelque chose de notre Déjazet. Mademoiselle T.. s'arrêta devant la console, et puis, tout à coup, dans un élan que son âge n'eût pas permis de supposer, elle embrassa le buste de l'homme.

— C'est mon maître, celui-là! nous dit-elle d'une voix émue. C'est mon vieux Sachini! l'auteur d'*OEdipe*, messieurs!

Et avec une justesse admirable, elle entonna ce chant sinistre de l'Aveugle de Thèbes :

> Filles du Styx, terribles Euménides,
> Armez tous vos serpens, etc.

— Et puis me voilà, moi! reprit-elle en donnant un soufflet à l'autre buste. J'ai été Antigone :

> Les dieux vous doivent leur secours!...

J'ai eu ce front-là, et ces yeux-là, et ces beaux cheveux!... On ne s'en douterait pas, hein?

Et comme si ce souvenir l'eut rajeunie, elle ne voulut plus du bras de son conducteur, elle se mit à marcher toute seule, ouvrit ses meubles et nous laissa admirer tout à notre aise. Entre mille choses curieuses qu'elle nous fit voir, je ne parlerai que d'une; c'est au reste ce qu'elle nous dit posséder de plus précieux. Un pauvre morceau de bois de 7 à 8 pouces carrés, sur lequel un dieu, sans doute, et non pas un homme, a sculpté la flagellation du Christ! Je ne connais point de tableaux, ni de bas reliefs, qui soient supérieurs à cette prodigieuse composition. Jamais Cellini, jamais les plus grands ciseleurs du monde, enchaînant dix ans leur génie sur une plaque d'argent ou de cuivre, n'ont atteint ce fini des détails, cette précision anatomique des formes. Il y a là-dedans quarante personnages qui sont quarante chefs-dœuvre. On entend crier le peuple, et Pilate et les juges : on voit la chair divine frémir sous les coups de verges des bourreaux. Quant à la tête du Fils de l'Homme, c'est plus beau peut-être, c'est moins terrestre, plus saint, plus pur que Raphaël : la grace et le pardon y respirent à rendre catholique un juif. Les fleurs, les terrains, l'architecture sont d'une perfection fabuleuse ; c'est en relief comme le burin de Calamatta, comme la pointe de Mercuri.

Oh ! l'admirable moreau de bois ! Mademoiselle T*** en a refusé quinze mille francs : je le crois sans peine.

En continuant notre précieuse revue, ma main tomba sur une bille de billard toute jaunie qui portait gravée une tête de mort avec cette date : 19 *novembre* 1827. Je demandai ce que cela voulait dire.

—Ah ! c'est une tragique histoire, nous dit mademoiselle T*** Si vous avez assez regardé par ici, allons nous mettre dans mon jardin ; je vais vous la raconter.

— Nous nous assîmes en souriant au bord de la savane qu'il lui plaisait de baptiser ainsi, et elle nous apprit ce que vous allez lire.

IV.

LA PARTIE DE BILLARD.

Il y avait en 1823 dans les gardes-du-corps de S. M. Louis XVIII un jeune homme qu'on appelait Hippolyte de Bonneval. Il était né à Jersey, pendant l'émigration, et son père était mort. Voilà tout ce qu'on savait de son origine, et personne n'avait jamais songé à lui en demander davantage ; le bon et beau jeune homme était de ceux qui se font aimer partout, et toujours, et tout de suite, sans qu'on s'informe d'où ils viennent et pourquoi ils sont-là. Quelquefois, quand un nouveau garde entrait dans la compagnie de Luxembourg, celle où servait Hippolyte, il arrivait qu'en lisant les rôles, l'étranger s'arrêtait à ce nom de Bonneval et disait : — Bonneval ?... Quel Bonneval ?... Je croyais qu'il n'y avait plus de Bonneval... etc. — Mais aussitôt vingt voix pour une répondaient : —Celui-ci est notre meilleur camarade, le plus charmant garçon qui ait jamais porté les aiguillettes ? — Et tout se bornait-là. Pourquoi d'ailleurs eût-on insisté ? La conduite et la tenue d'Hippolyte étaient irréprochables ; sa bourse, toujours richement ouverte aux amis ; il avait de beaux chevaux qu'il montait admirablement, deux domestiques, du courage, l'estime de ses chefs ; enfin S. A. R. Madame, duchesse d'Angoulême, l'honorait d'une protection publique... Quelle nécessité d'éplucher le blason d'un pareil gentilhomme?

Ce que les camarades trouvaient seulement à reprendre en lui c'était une excessive timidité, une réserve enfantine à l'égard des femmes. Quelle qu'elle fût, vertueuse où déchue, dans le satin d'un boudoir ou dans la fange d'un carrefour, une femme était sacrée pour Hippolyte. Dans ces fameuses orgies des gardes, où l'on brisait tout, à la terreur et à la joie suprêmes des restaurateurs et des cafetiers, et où pourtant certaines femmes osaient venir, Hippolyte suivait ses camarades, payait sa part et celle de plusieurs; mais froide et silencieuse, sa présence était une protestation que tous finissaient par comprendre, sans que personne put s'en fâcher. Ils ne se moquaient pas de lui ; ils le plaignaient.

— Bah ! lui disaient le lendemain les plus hardis viveurs, par ce besoin de notre propre justification qui ne nous abandonne jamais, tu te figures que nous leur avons fait de la peine, à ces femmes ? au contraire, mon ami ! elles étaient enchantées... Songe donc un peu à ce que c'est... voyons!

Mais le jeune homme hochait la tête en souriant tristement. Car il se disait, dans sa candeur, que la beauté des femmes, étant l'œuvre dernière et bien aimée du Créateur, a droit à tout le respect de l'homme comme à toute son adoration. Il pensait que celui qui est pieux et bon, doit relever la femme qui tombe et non pas mettre une dégradation sur sa chute. Il croyait, avec un écrivain contemporain qu'on ne lit pas, que jamais une femme ne s'est vendue à plaisir; que comme l'instinct des hommes a horreur de la mort, l'instinct de la femme a dégoût du déshonneur, et que sa pudeur ne meurt pas.

C'était un peu excentrique pour des gardes-du-corps.

Mais Hippolyte avait été élevé par sa mère. Pendant dix-huit ans, il n'avait vu, connu, aimé que sa mère. Il avait vécu à ses pieds, sur ses genoux, n'ayant de joie que lorsqu'elle souriait, de douleur que lorsqu'elle pleurait. Ses premières idées lui étaient venues à travers ce servage si pur, et comme baignées dans une ineffable tendresse. Il s'était habitué à prendre sa mère pour type de tout ce que le monde a de bon, de beau, de sublime, et peu à peu il en était arrivé à confondre le sexe entier des femmes dans son amoureuse vénération pour une seule. Il avait grandi ainsi, comme une jeune fille plutôt que comme un homme, sans rien avoir jamais entendu de ce que se disent les garçons venus au monde ensemble; car sa mère n'avait pas voulu le mettre au collége; il aurait fallu pour cela se séparer de lui, ou le suivre en France.... et la noble émigrée aimait cette île de Jersey qui lui avait été hospitalière. D'ailleurs, elle avait peur des colléges; elle redoutait pour son bien-aimé ces dangereux gymnases où les pauvres enfans paient si cher un peu de mauvaise science, où le latin leur coûte quelquefois l'innocence. Mais tous les jours il venait chez madame de Marignan un vieux prêtre catholique, jadis émigré comme elle, et qui depuis s'était pris à aimer comme elle la terre où il avait fui la mort. C'était un digne homme que ce prêtre, sincère, croyant, tolérant. Ami et confesseur de la mère, il avait été l'unique précepteur de l'enfant. Il lui avait enseigné tout ce qu'il pouvait, tout ce qu'il savait; des choses simples, vieilles, mais bonnes; un peu trop de Dieu, peut-être, et pas assez du monde... Le saint homme regardait plus au ciel que sur la terre.

A cette instruction sérieuse, madame de Marignan avait ajouté elle-même la musique et la peinture. C'était une part bien douce. Quand l'amour unit le maître et l'élève, l'enseignement de ces arts divins est un bonheur digne de la jalousie des anges.

On eût donc difficilement trouvé une jeune personne de dix-huit ans mieux élevée, plus modeste, plus charmante de pudeur et de maintien que ne l'était Hippolyte à cet âge. Mais à côté de ces avantages si précieux, un malheur avait trouvé sa place : mais du bien lui-même était né le mal. Les soins donnés à l'esprit avaient fait oublier le corps. Achille avait passé par les robustes mains de Chiron, il avait couru les forêts comme un sauvage, et mangé de la moëlle de lion avant d'aller se mêler aux filles du bon Lycomède; sans cela, il eût bientôt cessé d'être Achille parmi leurs plaisirs et leurs travaux féminins. C'est parce que les lourdes flèches du Centaure avaient été ses premiers jouets, qu'à l'aspect des armes il s'éveilla héros ! Madame de Marignan s'aperçut trop tard des torts de son amour. Vainement le prêtre lui avait dit qu'on ne tient pas impunément la jeunesse entière d'un homme enfermée dans la tiède atmosphère du Gynécée, loin du soleil et au milieu des fleurs. Cette mère voyait l'enfant grandir, tout de lys et de satin comme elle, et c'était une joie folle pour ses pauvres entrailles, et elle l'aimait pour elle autant que pour lui, et elle se regardait en son fils unique comme dans un miroir vivant qui lui rendait ses belles années. Elle ne savait pas, eût-elle voulu le croire, seulement! que ce teint si pur et si blanc était une maladie pour un homme, que ces bras de nymphe n'avaient point de muscles sous leur ivoire trompeur. Elle ne soupçonnait pas, la tendre femme, car cette idée l'eût tuée, qu'un jour, peut-être, son Hippolyte bien-aimé souffrirait jusqu'à maudire une éducation qui le laisserait sans armes en face des cruelles rivalités du monde... Et quand, assis au piano, le jeune homme, dans quelque improvisation ardente, livrait passage aux torrens de lave qui dévoraient, sans qu'il en eût conscience, ce cerveau où se heurtaient furieux tous les désirs de son âge, madame de Marignan écoutait sans alarme ces cris de détresse qu'elle ne comprenait pas. Elle ne voyait là qu'un talent merveilleux, sublime, et dont elle était fière, car il venait d'elle! Heureuse, transportée, elle se jetait au cou de son élève, lorsque celui-ci épuisé, laissait mourir l'harmonie sous ses doigts devenus impuissans... Alors elle s'arrêtait aussi, inquiète, frémissante! car son fils pleurait, son fils tremblait de tous ses membres, son fils se laissait aller sur ses bras, couvert d'une sueur froide qui la glaçait!

Effrayée, mais point éclairée par ces symptômes terribles, madame de Marignan fermait l'instrument fatal et disait, les yeux en larmes :

— Je ne veux plus que tu joues de ce vilain piano, Hippolyte!... tu te fatigues trop, tu vois bien.

Et le pauvre enfant regardait sa mère, alors, suppliant, les mains jointes. La fièvre que lui donnait la musique était sa seule manière d'être heureux. Sous les élans de cette transfiguration nerveuse, il voyait s'écrouler les murailles parfumées de sa prison ; affranchie, libre, épanouie de joie, son âme courait à plein vol dans des mondes inconnus et magnifiques, toujours changeans, toujours immenses, toujours inondés de lumière et de vie. La terre était si loin qu'elle n'était plus! Il voyait le ciel ouvert et la Cause éternelle assise, triomphante et paisible dans le champ d'or des nuages, et il montait à Dieu par un mur d'azur, et il sentait sa tête rayonner sous une auréole d'étoiles ; les anges chantaient en le portant sur leurs ailes de roses, et la Vierge lui souriait; la Vierge qui avait les traits de sa mère!

Plus tard, la musique lui fit faire d'autres rêves. Ce n'était plus le ciel; c'étaient les contrées bizarres du palais de cristal, des arbres géans faits d'une seule fleur, au pied desquels coulaient des ruisseaux de perles aux cascades de diamans. Les habitans étaient des oiseaux et des femmes; il y faisait toujours nuit; mais du haut des airs pendaient mille lustres aux mille lumières, et chaque lumière était une pierre précieuse et sonore, note isolée d'un indicible concert. La terre était du velours où dansaient les pieds blancs des femmes; et toutes ces femmes vêtues de neige embaumée venaient, belles et jeunes, et souriantes à lui, pauvre enfant qui tremblait. Et comme il n'osait pas les suivre, elles jetaient autour de lui des guirlandes faites d'oiseaux qui le soulevaient et volaient avec lui.

Et quand il retombait brisé de ces extases surhumaines, il restait là long-temps, sans mouvement et sans voix; mais il ne lui semblait pas qu'il eût souffert!

Cette prédominance exagérée du système nerveux devient mortelle quand on ne la combat pas. Mais elle est presque toujours le secret de ses victimes; et les yeux d'une mère, si attentifs qu'ils soient, ne sont point ceux d'un médecin.

Le jeune homme se consumait ainsi, faute d'exercice et de marche, et de course, et d'air pur, quand un fait, qu'elle n'eut jamais la pensée de prévoir, frappa sa mère d'une subite et terrible révélation.

Une voisine de madame de Marignan vint un jour la voir avec trois fils qu'elle avait, tous plus jeunes qu'Hippolyte. Il faisait beau, ce jour-là, ce qui est assez rare dans l'île. Cette dame, à force d'instances, décida l'émigrée, qui ne sortait jamais, à essayer enfin une promenade par la campagne. Les deux dames et les quatre jeunes gens allèrent ainsi jusqu'à un vieux château qu'on appelle Montorgueil, bâti au bord d'une baie, sur un rocher que baigne la mer, et d'où l'on jouit d'une des plus belles vues du pays. Hippolyte était heureux de marcher, bien qu'il n'osât pas courir à l'aventure comme les autres, loin des deux dames et de leur chemin : il aurait eu peur d'inquiéter sa mère, qui oubliait tout pour le chercher quand elle ne le voyait plus ! Les promeneurs s'arrêtèrent près du château ; ils avaient à leurs pieds une jolie baie, bleue comme le ciel, tout émaillée par les voiles blanches des pêcheurs d'huîtres, qu'on eût dit des cygnes nageant au soleil. Il y avait là de l'herbe ; les dames étaient lasses, et tandis qu'elles se reposaient à ce bon air réparateur que la mer envoie, madame de Marignan aurait eu peur, cette fois, de paraître ridicule ou impolie en retenant son fils à ses côtés; seulement. elle le prit à part et le conjura tout bas d'être bien raisonnable, de ne pas se faire avoir trop chaud !

Les jeunes gens entraînèrent la *demoiselle*, c'est

ainsi qu'ils appelaient Hippolyte dans le quartier, et tout de suite ce fut à qui de ces trois gamins essaierait ses forces sur le timide voisin. On se mit à sauter, Hippolyte fut vaincu; il fut vaincu aussi à la course, et pourtant l'aîné avait deux ans de moins que lui; puis, enfin, on en vint à la lutte, et le cadet des trois, un enfant de quinze ans, osa le défier! Les autres riaient. Hippolyte rougit et se livra; en deux tours de main il fut par terre. Il avait dix-huit ans!

La joie fut grande parmi les vainqueurs. — Oh! le Français! le Français! criaient-ils en battant des mains. — Il faut dire que les originaires de Jersey ont les Français en antipathie. Ils ne savent pas pourquoi, ni moi non plus.

Madame de Marignan avait vu tomber son fils! Elle accourut comme une folle. Hippolyte s'était relevé et marchait seul, devant lui, la tête baissée, les bras morts.

Sa mère le saisit, tout alarmée. Il détournait les yeux; elle le força de la regarder, et vit qu'il pleurait.

— Ah! mon Dieu! s'écria-t-elle... Ils t'ont fait mal, Hippolyte! Bien sûr!

— Oui, ma mère! dit le jeune homme d'une voix creuse... En effet, j'ai mal!

— Où cela? mon Dieu! Dis! dis vite!

—Là, reprit amèrement le vaincu, en posant sa main sur son cœur. Là, ma mère!

— Est-il possible !... Tant de brutalité !... Oh ! quel malheur, mon Dieu ! Vite, retournons ! Une voiture ! un médecin !

La pauvre mère se méprenait encore !

— Rien !... il ne faut rien... N'appelez personne ! Pas un témoin de plus ! supplia l'enfant en emmenant sa mère avec effroi. Je ne suis pas blessé... Ils ne m'ont pas fait de mal, ces bons jeunes gens... Je souffre parce que j'ai honte, entendez-vous ! parce que je ne suis pas un homme ! parce que c'est du sang qu'ils ont dans les veines, eux... et que dans mes bras, à moi, c'est de l'eau, c'est du lait qui coule !

Et en parlant ainsi, il raidissait ses bras débiles... Il les montrait à sa mère...

— Voyez-vous, reprit-il avec un accent qui perça le cœur de madame de Marignan, nous ne sommes pas aimés dans cette île !... Eh bien, s'il plaisait à quelqu'un de vous insulter, moi, votre fils, avec ces bras-là je ne pourrais pas vous défendre !

Et il embrassa madame de Marignan dans une étreinte désespérée, comme si, l'insulte étant déjà venue, il eût voulu, à défaut de ses bras, lui faire au moins de son corps un bouclier !

En ce moment un cri partit du point où ils avaient laissé l'autre dame, et presque aussitôt Hippolyte vit les trois jeunes gens courir dans un chemin qui conduisait à la baie. Il quitta madame de Marignan et se mit à courir aussi, trébuchant, tombant parmi les pierres, sourd à sa mère, aveugle au danger, prêt à mourir s'il n'arrivait pas le premier. Quand il fut presque en bas, sur une pointe que battait la marée, il vit de quoi il s'agissait. Une barque, montée par une femme et ses deux enfans, des ramasseurs de varech sans doute, venait d'aborder sur un rocher : la femme était sortie du bateau la première, et avait ensuite voulu débarquer ses enfans, mais elle s'y était mal prise apparemment, la barque avait chaviré, et les enfans se noyaient, et la mère appelait au secours avec des cris lamentables !

Le sentiment de la réflexion ne vint pas même à Hippolyte. Du lieu où il se trouvait et comme il était, le jeune homme s'élança dans la mer avant que les autres eussent seulement ôté leurs habits. Le malheureux ne savait pas nager !

L'eau, heureusement, n'était pas profonde à cet endroit. Néanmoins le pauvre garçon eût couru de grands risques, sans le petit, son vainqueur, qui le tira de là, tandis que ses frères sauvaient les enfans et la barque.

On mit le Français sécher au soleil ; on lui trouva d'autres vêtemens, et puis ils le ramenèrent à la ville, en le félicitant beaucoup de son inutile héroïsme. Les trois nageurs abusèrent tant soit peu du droit qu'il leur avait donné de se moquer de lui. Cet âge est sans pitié, a dit le bon La Fontaine.

Il fut malade pendant plusieurs jours, de chagrin

bien plus que de son bain. Sa mère et le bon prêtre le soignèrent jour et nuit.

Madame de Marignan avait tout dit au confesseur, et suffisamment avertie cette fois, elle avait enfin consenti à ce que son fils reçût un peu de l'éducation physique qui lui manquait si complètement. Un soir, le prêtre, en quittant son élève, lui annonça qu'aussitôt sa guérison il apprendrait à monter à cheval, à faire des armes et à nager. Le lendemain, Hippolyte était guéri.

Mais alors ce fut au tour de la mère à tomber malade. Le saisissement dont elle avait été frappée à la vue de son enfant, de son idole, qu'on lui ramenait de l'eau, pâle, inanimé, avait, en se dissipant, laissé dans ce sein plein d'amour le germe d'une affection dangereuse. Puis les terreurs de la pauvre femme au chevet d'un malade trop chéri ; sa douleur, après cela, son isolement, son ennui de ne plus voir qu'aux heures des repas celui qui avait été si long-temps sa constante compagnie, et qui, dans la vie nouvelle qu'on venait de lui ouvrir, tôt ou tard, mais à coup sûr, devait laisser un peu de cet amour dont elle était si jalouse, traiter peut-être d'esclavage la tendre réclusion de sa jeunesse ; tout cela développa d'une façon meurtrière, terrible, les conséquences de la scène qui s'était passée. Madame de Marignan sentit le mal tout de suite, et si violent qu'elle n'eut pas de courage pour le combattre : elle n'en eut, hélas ! que pour le cacher. Oh ! comme une bonne mère est un trésor d'amour ! Sa seule étude, pendant plus d'un an, fut de se dévorer elle-même. Elle se mit à avoir besoin de dormir tard, et elle ne dormait pas, mon Dieu afin de faire servir le déjeûner dans sa chambre, les rideaux fermés, pour que son fils ne vît rien des ravages toujours plus affreux de la nuit. Et puis, quand il était retourné à ses exercices, elle commençait à se faire belle pour le soir; elle empruntait aux recherches les plus exquises, à tout ce que l'art empoisonneur de la parfumerie pouvait inventer, de quoi se faire un masque capable d'en imposer même à son fils. Et quand il arrivait, il était heureux de trouver sa mère si charmante; et il était fier d'amener ses amis l'admirer; ar il avait des amis, car il était promptement devenu le cavalier le plus brillant de l'île: et elle le recevait, lui et les siens, et elle tenait tête à tout le monde avec une gaîté, un esprit qu'on ne lui avait jamais connus auparavant!... Trop payée de tant d'efforts, disait-elle à Dieu dans ses prières, par la santé, le bonheur et la beauté de son Hippolyte!

Mais la nuit, que de souffrances! que d'abattement! que de fièvre! que de larmes! C'était à racheter les crimes d'un peuple entier!....

Enfin un jour, elle sentit que le rôle allait lui devenir impossible. La nature se révoltait contre la volonté. Elle appela son fils, le soir, comme il la guettait après un festin plus joyeux encore qu'à l'ordinaire, et d'une voix tremblante, elle lui dit: — Hippolyte, mon enfant, il faut que tu t'en ailles en France, à Paris....

Le jeune homme s'assit d'abord, car il chancelait. L'idée d'un si magnifique voyage avait tué en lui toute autre idée... Il lui fallut quelques momens de libre transport, avant qu'il put songer même à sa mère... La France !... Paris !... Tout ce célèbre inconnu !... Il allait voir cela ! Etait-ce possible ?... Il regarda madame de Marignan d'un air tout craintif : il avait peur d'avoir mal entendu.

— Te voilà bien content, n'est-ce pas ? Tu vas être libre ! dit-elle en étouffant un soupir. Elle avait failli se trahir en lui voyant tant de joie. Il sentit le reproche, et répondit avec une émotion sincère qu'il ne trouvait le bonheur si grand que parce qu'ils seraient deux à l'aller chercher.

Elle lui tendit la main d'un air de doute que sa bonté sut rendre charmant, et puis elle lui dit : — Mon cher enfant, j'ai bien des choses à faire ici... Toi, il faut que tu partes... Tu vas avoir vingt ans, tu es un homme ; il faut que tu vives comme un homme ! sois prêt dans deux jours... Adieu.

Elle se leva alors, pour rentrer vite dans sa chambre. Tout son courage était à bout !... Son fils l'arrêta, les mains jointes; elle lui sourit, et, par un effort sublime, elle ajouta d'une voix persuadée : Oh ! ne te tourmente pas, j'irai bientôt te rejoindre !...

Les anges portèrent au ciel, disait plus tard le prêtre, les larmes qu'elle versa cette nuit-là.

Et le lendemain, le et l'autre jour encore, elle eut l'inconcevable puissance de présider aux préparatifs du voyage, choisissant, arrangeant elle-même tout ce que son fils devait emporter. Elle alla voir le navire et marqua la meilleure cabine... tout cela gaîment !... Mais quand elle fut remontée, tandis qu'Hippolyte avait le dos tourné, elle tira de son doigt une bague qu'elle donna au capitaine, en lui recommandant son enfant... et le vieux marin se sentit tout bouleversé, tant il vit de douleur et d'angoisses sur ce visage qui ne mentait plus !

Le jour du départ, madame de Marignan vint dans la chambre de son fils, qui frémit en voyant pour la première fois combien elle était pâle et maigre. Elle s'aperçut de son trouble, et lui dit de ne pas prendre garde qu'elle avait veillé toute la nuit... et puis elle lui remit un paquet cacheté, à l'adresse de quelqu'un qui demeurait à Paris.

— Ceci doit, je l'espère, te procurer en France un accueil favorable, mon fils bien-aimé !... respecte toujours l'homme dont tu vois le nom écrit sur ces papiers... tâche de l'aimer, mon fils ! C'est le vœu le plus cher que puisse former la pauvre femme qui, à cette heure, te supplie à genoux de lui pardonner !...

Elle s'était mise à genoux, en effet, et elle y restait malgré les efforts d'Hippolyte.

— Oh oui ! pardonne à ta mère, reprit-elle... Tu ne t'appelles pas Marignan... Ton nom appartient à cet homme; lui seul peut te le dire et te permettre de le porter... Jure-moi, veux-tu ? J'ai tant souffert, si tu savais !... Jure-moi de ne jamais chercher à rompre le mystère de ta naissance... il te sera dévoilé tôt ou tard, Dieu et le repentir en ont mis la certitude dans mon cœur !... Jure-moi aussi de respecter ce cachet, qui est celui de ta mère... Jure-le moi, si tu ne veux pas me voir expirer à tes pieds, désespérée et sans salut !

Il jura et releva sa mère, et ils restèrent long-temps embrassés, à ne se parler que par des sanglots.

C'est que le paquet renfermait un secret terrible, en vérité ! Il y avait une lettre parmi ces papiers, et les premiers mots de cette lettre étaient ceux-ci : *Armand, je vais mourir...*

Hippolyte partit, le cœur brisé, et madame de Marignan en le conduisant au bateau avec le prêtre, eut encore la force de lui dire : — A bientôt, cher enfant !... sois sûr, en attendant, que mon âme va te suivre !...

Et il la vit long-temps, debout à la pointe de la chaussée, dans des vêtemens blancs qui la faisaient tristement splendide comme une vigie vivante, confiant à la brise ses derniers baisers de mère... Et lorsque la voile eut enfin disparu, elle s'en revint chez elle mourante pour n'en plus sortir que froide, sur le char lugubre qui conduit là où l'on ne souffre plus...

Elle n'avait pas voulu que son enfant la vît mourir.

Et plus de trois mois après cette mort héroïque, le bon prêtre, dernier et fidèle confident de tant d'amour, mettait encore à la poste française des lettres que la sainte femme lui avait laissées pour Hippolyte ; mensonges sublimes, divines tromperies, toutes de paisibles conseils, d'espérance et de joie !

Cependant le jeune homme était arrivé, triste, mais tranquille, et sans prévoir son malheur, tandis que l'âme de sa mère, belle et rachetée entre toutes, remontait doucement prier là-haut pour lui. Et tout de suite, il était allé, comme l'indiquait le maternel passeport, à l'hôtel de monsieur le duc de Rocheblanche, rue de Varennes. Il attendit long-tems ; le jour se levait tard chez le noble pair. Enfin, pourtant, on l'introduisit dans une salle immense, décorée avec un luxe fabuleux, et où se tenait assis un homme de cinquante à soixante ans, grand, beau, imposant, qui le reçut avec un signe de tête et sans parler. Hippolyte remit à cet homme le paquet de sa mère, et en faisant cela, il était tout tremblant ; un trouble inconnu arrêtait le sang dans ses veines. Le duc regarda le cachet, et parut surpris, ému, en le brisant. Il y avait sous l'enveloppe une liasse de papiers et une lettre. Le duc lut d'abord la lettre, et tandis qu'il la lisait, son autre main qui tenait les papiers les laissa tomber à terre... Hippolyte se baissait pour les ramasser, mais il l'arrêta en le repoussant presque... Puis il se leva et marcha quelque temps par la chambre, s'arrêtant pour relire encore quand il avait le dos tourné. Ensuite il ouvrit un meuble, et en tira un portrait qu'il se mit à regarder long-temps, toujours en silence, portant parfois à la dérobée ses yeux humides sur le jeune homme, toujours debout, comme s'il eût voulu constater une ressemblance... Après cela, il mit le tout devant lui sur son bureau, et parut réfléchir.

Hippolyte fut obligé de s'appuyer au lambris, le cœur lui battait lourd à briser sa poitrine... qui donc était cet homme ? Son père, peut-être !

Enfin le duc sonna. Un domestique parut.

— Conduisez, lui dit-il, monsieur le chevalier Hippolyte de Bonneval dans l'appartement de la bibliothèque. Vous lui donnerez Saint-Jean et Francis pour le servir ; deux chevaux et le tilbury noir... Je vous salue, monsieur, et de sa main fit un geste plein de grace... Le jeune homme aurait voulu baiser cette main !... mais il n'osa pas le faire : le grand seigneur avait déjà repris sa majesté.

Le valet de chambre s'inclina devant Hippolyte et le pria de vouloir bien le suivre. Quand il l'eut installé dans son appartement, il le quitta pour revenir bientôt avec une bourse dans laquelle il y avait cinquante louis. Monsieur le duc, dit-il, venait de lui donner l'ordre d'en apporter tous les mois autant pour la toilette et les plaisirs de monsieur le chevalier.

Et les choses restèrent sur ce pied. Le fils de madame de Marignan se vit traité d'une façon parfaite. Tous les gens de l'hôtel lui témoignaient la considération la plus haute. Ses moindres désirs étaient des ordres.

Il eut un piano magnifique de Zimmermann, un homme aussi aimable qu'il est grand artiste, pour lui donner des leçons. Pour maître d'armes on lui donna Lozés ; Grisier était encore en Russie. Pour maître d'équitation, il eut Larrive. Un jour il parla d'apprendre les mathématiques, le lendemain un professeur de l'Ecole polytechnique était chez lui. Il voyait le duc tous les jours à table, rarement ailleurs, et tous les jours sa seigneurie s'informait soigneusement s'il ne manquait rien à ses amusemens ou à ses études... Mais jamais, quoique dît et fît le pauvre jeune homme, il ne lui arriva de voir son tout puissant protecteur se départir un instant de la froideur polie, de la dignité gracieuse qu'il lui avait montrées la première fois.

Ce n'était pas le compte de cette tendre nature, séparée désormais d'une affection qui l'avait tenu si long-temps sous ses ailes divines. Quand il était seul, il arrivait à l'enfant de pleurer de dépit. Il se trouvait bien insensé d'avoir pu un moment prendre pour son père ce duc au cœur d'acier !... Mais qui donc était son père ? Qu'était-ce donc que ce Bonneval inconnu dont il portait le nom sans jamais en avoir entendu parler ? Comment était-il dans cette somptueuse maison ? Etait-ce en vertu d'un droit, ou seulement par la grace d'une insultante charité? Sa jeune fierté se soulevait à de pareilles pensées. Il ne voyait plus alors que la face mauvaise, la liberté riche, brillante, mais gênante, mais équivoque qu'on lui laissait. Il se prenait à regretter amèrement ce simple et doux esclavage de Jersey, où sa mère était sa reine, où ses chaînes étaient de l'amour. Et il appelait sa mère, le malheureux ! et il lui écrivait toutes ses peines, et il s'étonnait toujours de recevoir des lettres pleines de bonté, mais qui ne répondaient à rien .. Elles étaient datées et timbrées pourtant.

Il pensa que peut-être le duc faisait supprimer ce qu'il écrivait... Mais comment oser s'en expliquer avec lui ?

Il en était là de ses doutes et de ses regrets, quand un matin son valet de chambre entra suivi d'un vieillard, pâle et vêtu de noir.

C'était le prêtre !

Un quart d'heure après, les sonnettes de tout l'hôtel faisaient monter vingt personnes auprès du chevalier évanoui.

L'infortuné venait d'apprendre la mort de sa mère !

Dans la semaine, il y eut un service funèbre à Saint-Thomas-d'Aquin, et tous les gens de l'hôtel de Rocheblanche prirent le deuil, en mémoire de feu madame la comtesse Hélène de Marignan-la-Tour-d'Ambel, mère de monsieur le chevalier Hippolyte de Bonneval.

Quand le duc d'Angoulême revint d'Espagne, en 1823, avec l'armée que son oncle avait si généreusement prêtée à Ferdinand VII, il y eut, à Paris, après les grandes réjouissances officielles, une assez longue suite de petites fêtes particulières, offertes aux braves qui rentraient par les braves qui n'étaient pas sortis. la restauration et ses fidèles faisaient grand bruit de cette prise d'armes, détestable en principe, méprisable en résultat, appelée crime aujourd'hui par M. Guizot, mais qui avait été, pour une foule de jeunes courtisans, l'occasion brillante de rougir leurs boutonnières et de donner le baptême à leurs épées.

Un soir donc, tandis que les théâtres du boulevart s'ouvraient gratis aux soldats du Trocadéro, les gardes-du-corps de la campagnie de Luxembourg traitaient à leur tour une partie de l'état-major de l'armée victorieuse. C'était au Palais-Royal, dans le salon fameux des Trois-Frères-Provençaux, ces conservateurs vénérés d'une cuisine et d'une cave dont leurs élégans successeurs ont un peu égaré la tradition. Le banquet était riche et splendide. Le chevalier de Bonneval, entré depuis un an dans les gardes, à la fin du deuil de sa mère, s'y trouvait assis à côté du lieutenant-colonel de Ramières, jadis officier dans l'armée des princes, puis rentré en France où il avait servi Napoléon : Chef de bataillon lors du licenciement, puis enfin remis en activité avec avancement, grâce à une soumission complète et à des services passés. Ce M. de Ramières était brave, gai, spirituel, et comme tel, fort aimé parmi ses camarades dont pas un n'eût songé, certes, à lui reprocher une versatilité d'opinions, une fragilité de sermens qui étaient leur histoire à presque tous. On avait donc cru, dans la compagnie où, comme je l'ai dit, Hippolyte était adoré, faire à celui-ci avantage et plaisir en lui donnant pour voisin l'aimable M. de Ramières.

Tout d'abord, en effet, le jeune garde trouva des

charmes à faire sa part des honneurs du festin à un convive si distingué. M. de Ramières avait reçu une excellente éducation, et il était de bonnes manières et de bonne mine; huit années de paix l'avaient nétoyé de la fumée des camps; il était fort instruit, avait beaucoup voyagé, et, chose rare chez nous autres Français, il avait gardé des hommes et des faits du dehors un jugement parfait, une appréciation saine et solide. Sa conversation piquante, instructive, nullement vulgaire, s'empara de l'esprit d'Hippolyte, et parvint à ramener le sourire sur ces lèvres qui, depuis deux ans, ne le connaissaient plus. On parla de l'Espagne, naturellement, et de la guerre qu'on venait d'y faire, et le lieutenant-colonel, c'était une grande hardiesse dans ce temps-là, trouva vraiment de belles paroles pour plaindre et non pas pour accuser ces pauvres jeunes héros, nos compatriotes, qu'à son entrée l'armée d'intervention trouva debout, en face d'elle, sur l'autre rive de la Bidassoa, pressant leurs rangs clairsemés autour d'un drapeau proscrit, et nous criant, à nous, que la mission de la France est d'apporter la liberté aux peuples, non de rendre aux moines la puissance, aux tyrans leurs trônes.

— Des misérables !... des fous ! s'écrièrent quelques voix...

— Des misérables, dites-vous ! reprit M. de Ramières avec une noble chaleur... Ceux qui les appellent ainsi n'auraient pas osé les condamner, j'en suis sûr ! Des fous, oui; à la bonne heure ! Ils n'étaient pas assez de monde. Je ne suis point suspect, moi ; j'ai fait mon devoir, j'ai marché droit à eux, et j'en ai arrêté un moi-même... Mais parmi les soldats qui me suivaient, j'en ai vu, d'aussi vieux que moi, qui pleuraient!

— Je les aurais fait fusiller, moi, ces imbéciles là! dit un chef d'escadron.

— Officier de Wagram, vous auriez fait fusiller des légionnaires de l'empire? s'écria le lieutenant-colonel... Commandant, je vous plains !

Hippolyte, profondément ému, serra la main au lieutenant-colonel, qui lui rendit vivement son étreinte. Cependant la conversation devenait dangereuse. Il y avait là des gens qui s'imaginaient que ne pas soutenir l'absolutisme, c'était toucher à leur gloire, c'était outrager la monarchie : le militaire a, comme le civil, des dispositions au réquisitoire. Les amis de M. de Ramières déclarèrent que la politique était une chose absurde qui allait être, à l'instant même, précipitée dans des flots de vin de Champagne.

L'arrêt fut exécuté aux acclamations universelles.

Alors on parla de femmes, et de l'amour. C'est, avec la vaisselle cassée, la fin nécessaire des dîners de garçons. Chacun raconta ce qu'il savait, et ce qu'il ne savait pas. Les histoires se suivaient et se mêlaient, de plus en plus excentriques... Pauvres femmes ! si vous pouviez jamais voir avec quel cynisme sur le visage et dans la voix parlent de vous, entre eux, ces amans qui, la veille peut-être, ne trouvaient pas à emprunter aux fleurs assez de parfums, aux astres assez de poésie pour vous pleurer leur esclavage.

Hippolyte et de M. de Ramières causaient ensemble à demi-voix pendant ce merveilleux cours de jactance et de profanation des plus charmans mystères. L'officier avait décidément fait la conquête du jeune garde. Chaque parole échangée éveillait entre eux une sympathie telle, qu'il leur semblait déjà s'être connus toujours. Il y avait un peu d'ivresse, sans doute, au fond de cette subite amitié; mais il y avait autre chose aussi.

— Ah ça, Ramières, dit tout-à-coup un de ceux qui venaient de payer leur écot de scandale, au rire immense des assistans, qu'est-ce que vous avez donc, Est-ce que vous nous boudez, par hasard?

— Moi?... non pas, répondit le voisin d'Hippolyte? assez contrarié. Pourquoi donc? Du vin, Messieurs! du vin! et aux amours de tout le monde!... Je vois bien, ajouta-t-il après avoir trinqué, et de façon à n'être entendu que d'Hippolyte, je vois bien qu'il va falloir que je me dévoue!... Ils croiraient, sans cela, que j'y mets de la mauvaise grace... Nous sommes entre loups, mon cher! haro sur les brebis!

— Vous avez raison, colonel! dit le chevalier en remplissant deux verres. A votre tour, et quelque chose de joli!

— Soyez tranquille, reprit M. de Ramières, du même ton... Je tâcherai d'être convenable. C'est donc à moi, messieurs? continua-t-il en élevant la voix.

— Oui! oui! s'écria-t-on de toutes parts... à vous!... à la bonne heure ! il en sait, celui-là!

Et le silence le plus parfait possible s'établit. M. de Ramières avait la réputation d'être un conteur excessivement distingué.

— Je n'ai pas grand chose à vous dire, messieurs, commença le colonel d'un air modeste. J'ai, comme beaucoup d'entre vous, long-temps fait la guerre ; et, depuis la paix, mes blessures... les années! Il faut remonter un peu haut dans ma vie pour y trouver quelque bonne aventure... A peine si je m'en souviens, seulement! La mémoire est comme les femmes, elle se sauve des cheveux gris.

Il parut chercher quelque tems... puis il reprit :

— Tenez... nous n'avons pas ici de généraux ! J'ai envie de vous raconter le tour qu'il m'arriva de jouer jadis à mon général, il y a de cela vingt-cinq ans, à peu près.

— Très bien ! dit-on. Quelques convives se passèrent tout bas le nom du général.

— C'était à Jersey, dit M. de Ramières.

—Mon pays, interrompit Hippolyte involontairement.

—Le lieutenant-colonel s'arrêta frappé. On eût même dit qu'il changeait de couleur.

— Vous êtes de Jersey, monsieur de Bonneval ? demanda-t-il avec une sorte d'inquiétude.

— Oui, mon colonel.

— Qu'importe? fit une voix.

— Comme vous dites, qu'importe! reprit M. de Ramières en sortant de sa préoccupation... C'était donc à Jersey, à la fin de 99, au commencement de 1800, je ne sais pas trop. La famille de mon général était de Bretagne, comme la mienne; mon père et le sien avaient servi ensemble sous Louis XV, et cette confraternité du champ de bataille les avait liés dans leurs vieux jours, autant du moins que pouvait leur permettre l'énorme différence de leurs fortunes. Je n'ai pas besoin de vous dire, messieurs, que cette différence n'était pas à l'avantage de mon père ; vous savez tous que votre camarade a l'honneur d'être l'un des plus gueux gentilshommes que le treizième siècle ait légué au dix-neuvième. Cette raison, et d'autres qui seraient assez inutiles à dire, avaient fait que nous nous étions toujours tenus à distance, mon général et moi, même quand il n'était rien moins que général; d'autant mieux, au reste, que la nature avait jugé utile de le donner au monde une dixaine d'années avant votre serviteur. Bref, nous nous rencontrâmes un beau jour à l'armée de Condé, lui, officier-général, moi rien ; et ma pauvreté peut-être, ou ma bonne mine, ce que vous voudrez, quelques souvenirs de jeunesse et de pays, le portèrent assez vite à me nommer son aide-de-camp. Mon service n'avait rien de trop sévère; et puis j'étais jeune, gai, sans souci autre que de m'amuser ou de combattre; je prenais le temps comme il venait, et l'humeur du général aussi : j'étais heureux, enfin.

J'avais suivi le général à Londres, où l'appelait une secrète mission des princes. Dès que nous fumes arrivés ; il m'envoya — vous savez, messieurs, ceci est entre nous, que les fonctions d'aide-de-camp ne manquent point toujours d'une certaine ressemblance avec celles de valet de chambre — donc, dis-je, il m'envoya chez une dame qui avait appartenu à la pauvre feue reine Marie-Antoinette, et qu'on appelait la comtesse de... vous me permettrez de taire le nom.

— Le nom! le nom! nous voulons le nom! dirent deux ou trois qui étaient plus gris que les autres.

— J'en suis fâché, messieurs, répliqua M. de Ramières; mais vous ne le saurez pas.

—Bah! tout le monde a dit le nom de la sienne! n'est-ce pas, Morinval! n'est-ce pas, Bazancé!

— En ce cas, à un autre ! j'ai fini, dit brusquement le narrateur... Au surplus, vous m'obligez, Messieurs.

— Pourquoi donc, colonel?... Nous ne vous demandons pas d'être indiscret, nous.

C'était le chevalier de Bonneval qui venait de parler ainsi.

— C'est vrai ! c'est vrai ! s'écria-t-on d'un bout à l'autre de la table. Qu'est-ce que vous avez donc ce soir, Ramières, à prendre la mouche pour si peu?... Continuez, et que tous ceux qui veulent absolument des noms en inventent !

M. de Ramières parut se faire violence... cependant il reprit :

—La comtesse habitait une petite maison, toute modeste et toute charmante, dans un quartier fort retiré. Elle ne recevait jamais personne, mais ma qualité de

Français et le nom de mon chef me firent admettre sans difficulté. Quand je la vis, je faillis oublier complétement ce que j'étais venu lui dire. Jamais dans mon pays de Bretagne, ni en Prusse, ni en Autriche, jamais autre part que dans mes rêves d'écolier, je n'avais vu une femme si belle !... Et bah ! le mot ne vaut rien encore ! Ce n'était pas simplement de la beauté; j'avais vu de belles statues à Berlin, et des Allemandes magnifiques... C'était toutes les séductions, c'était toutes les graces; des yeux comme ceux de la Fornarina, un front comme celui du chevalier, une bouche comme un baiser ! Ses cheveux châtains, sans poudre, tombaient en boucles délicieuses le long de ses joues doucement rosées, des joues que l'art des teinturiers en peau humaine n'avait jamais déshonorées, par Jupiter ! Je ne vous dirai pas qu'elle avait le cou d'un cygne; le cou de cet oiseau serait, à mon avis, une fort laide chose sur les épaules d'une femme. Le sien était ravissant, voilà tout. Avec cela une tournure enchanteresse, une taille, des mains, un regard, un sourire, une voix à rendre fou cinquante procureurs de la Convention, tout le comité de Salut Public ! Et par dessus tous ces charmes réunis en elle seule, je ne sais qu'elle teinte d'une adorable mélancolie, quelque chose d'un Chérubin qui souffre, la suave tristesse d'une belle nuit... On peut se représenter cela, messieurs, on ne peut pas le peindre.

» Elle vit mon trouble et ne voulut point me laisser l'embarras des premières paroles. Elle me parla de la

France avec une poésie douloureuse, comme un enfant qui n'espère plus voir sa mère. J'avais entendu des exilés se plaindre ; mais leurs gémissemens, à presque tous, m'avaient paru terriblement égoïstes ; c'était l'amer et matériel regret de l'ambition trahie, du bien-être et de la puissance perdus ; c'étaient des souhaits de vengeance et de sang. Rien de sacré, rien de respectable, rien de ce pur amour qui rend l'exilé saint aux yeux de tout homme de cœur, le beau, le noble amour de la patrie! La comtesse rayonnait tout entière de cette divine flamme, messieurs! et je me pris, en l'écoutant, à rougir de me voir parmi ceux qui imploraient contre la France l'appui mercenaire de ses ennemis. Mon émigration volontaire me parut une lâcheté, et l'armée des princes une bande de misérables... Cela vous étonne dans ma bouche?... Ah! c'est qu'il eût fallu l'entendre, voyez-vous !

» Elle parla de son père, mort sur l'échafaud, et de son mari, après, un vieillard qui était venu aussi se battre avec nous sous un drapeau que notre pays ne reconnaissait plus. Alors seulement je me souvins du motif qui m'amenait, et je dis à la comtesse que je venais de la part du général m'informer de l'heure à laquelle il lui plairait de le recevoir.

» J'eus la réponse et je sortis, emportant tout de suite, et du premier coup, plus d'amour que je ne me serais cru capable d'en contenir.

» Le général vint à l'heure indiquée, et je le suivis ; mais je ne sus point d'abord ce qui s'était passé dans cette première entrevue. Il m'avait renvoyé après s'être fait montrer la porte.

» Quand il rentra, il me parut triste ; mais il avait perdu quelque chose de cette impénétrable froideur qui rendait nos relations si peu attrayantes pour moi. Pour la première fois, je le vis, après notre travail ordinaire, essayer une sorte de tentative pour me retenir. Il se promenait, il s'arrêtait, il me regardait, il se promenait encore; enfin, voyant que je prenais mon chapeau, il vint à moi tout droit et me tendit la main.

» — Vous aussi peut-être, me dit-il, vous voudriez bien revoir la France, mon cher Édouard !

» Je fus surpris de ce qu'il me disait, et du ton affectueux qu'il avait pris pour me le dire. Depuis que j'étais attaché à sa personne, il ne m'appelait jamais que M. de Ramières, et la veille encore il parlait de la France plutôt comme d'une rebelle qu'il fallait réduire, que d'une amie qu'il fallait pleurer.

» — A cet égard, répondis-je, mes vœux, général, ressemblent aux vôtres.

» —Il n'y a pas de général entre nous, à cette heure, reprit-il... Ramières, avez-vous donc oublié votre camarade ?

» Je sentis fondre tout d'un coup la glace dont une année de vie cérémonieuse nous avait cuirassés. Je me jetai dans ses bras en pleurant : — Armand ! m'écriai-je, cher Armand, est-ce possible ?

» — Il s'appelait aussi Armand? dit à part lui le chevalier de Bonneval.

» — C'est que je suis heureux ! me dit-il, continua M. de Ramières ; je l'ai revue plus belle que jamais ! En apprenant la mort de son mari, elle a pleuré... mais qu'est-ce que des pleurs qui ne coulent que par devoir ! C'est moi qu'elle aimait, j'en suis sûr ! c'est moi qu'elle a toujours aimé !

» Oh ! messieurs, comme je sentis que j'aimais déjà cette femme ardemment, moi aussi ! mes bras, qui tout à l'heure le serraient, retombèrent sans force à mes côtés ; je reculai d'instinct, nous étions rivaux lui et moi ! Mes souvenirs d'enfance qu'il venait d'évoquer disparurent ; l'embarras que me causait sa haute dignité ordinaire devint tout-à-coup de l'aversion... C'est un moment où j'ai bien souffert ! Et pourtant, comme c'est absurde, dites-moi ! comme nous sommes misérablement organisés ! J'en voulais à un homme parce qu'il était aimé ! qu'avais-je donc fait pour l'être, moi ?

» — Votre bonheur vous rend bien triste, général... lui dis-je avec un mauvais sourire. Je ne pouvais déjà plus l'appeler Armand.

» Il ne s'aperçut pas de mon trouble ; il avait assez du sien et du besoin dévorant de m'en confier la cause. Nous sortîmes ensemble, et quand nous fûmes seuls dans une obscure allée du parc de Saint-James, il me raconta qu'il avait dû, six ou sept ans auparavant, devenir l'époux de la comtesse Hélène ! »

— Hélène ! s'écria Hippolyte en saisissant le bras de M. de Ramières... Elle s'appelait donc Hélène ?

— Mais oui... répondit le narrateur, surpris et comme effrayé... Qu'avez-vous, chevalier ? Ce nom.... Est-ce que vous auriez aimé une Hélène, vous aussi ? ajouta-t-il en souriant tristement.

— Eh ! Bonneval, que diable ! on ne coupe pas ainsi la parole aux gens, dit un garde. Tu permettras bien à deux femmes de s'appeler Hélène !

— Pardonnez-moi, monsieur de Ramières, reprit le jeune homme tout confus... Ce nom... Mais continuez : je suis fou.

« — Donc, continua son voisin, le général devait épouser cette femme divine : ils s'aimaient, me dit-il ! Mais son père, à lui, n'avait pas trouvé le nom que portait Hélène d'assez grande noblesse pour mériter d'être absorbé par le sien. Après bien des supplications et des larmes, il avait fallu céder... La mère d'Hélène, veuve, âgée, malade, tremblait de laisser sa fille unique seule après elle, sans défenseur, sans conseil, sans appui... Elle l'avait mariée à un vieux parent, honnête homme, mais cassé, fait pour lui servir de père plutôt que de mari.... Et puis la bonne femme était morte en se consolant d'avoir forcé l'inclination de sa fille par l'espérance qu'Hélène ne tarderait pas à être libre.

» Le général n'avait pas voulu voir toutes ces choses désolantes. Il était parti pour se battre et se faire tuer, n'importe où, chassé, mais poursuivi par son invincible amour. Au lieu de la mort, il avait trouvé la gloire et les épaulettes étoilées. C'est depuis lors, me dit-il, qu'il était devenu froid, indifférent, insupportable. Dans le repos et dans la bataille, la nuit comme le jour, seul ou parmi ses frères d'armes, sans cesse il voyait Hélène asservie, possédée, immolée aux bras d'un autre homme qu'elle lui faisait peut-être l'outrage d'aimer, maintenant ! Il me peignait en traits de flamme sa jalousie désespérée, et je sentais la mienne venir et grandir jusqu'à la fureur, à mesure qu'il me parlait.

» Il fut soulagé pourtant, et presque heureux, lorsqu'un jour, parmi les renforts qui arrivaient au camp des princes, il reconnut le vieux comte. Personne ne comprit rien, car personne n'avait ses secrets, aux démonstrations tout-à-fait inusitées avec lesquelles il accueillit celui dont la venue tranquillisait son amour. Ils combattirent ensemble quatre ans, et puis enfin le comte fut tué à je ne sais plus quelle bataille, fort heureusement, en vérité, car le vieil Armoricain était d'une pâte à vivre cent ans.

» C'était là toute l'histoire. Après cette absence de six ans, le général venait de revoir Hélène veuve, maîtresse d'elle-même ; Hélène, qu'il avait quittée presque enfant, et qu'il retrouvait la plus charmante, la plus adorable des femmes, et comme moi, s'écriait-il, fidèle, j'en suis sûr, à ce premier amour si pur, si tendre, dont les anges, qui ont reçu nos sermens, eussent envié les immenses joies ! Tous deux libres, à cette heure, quel obstacle humain nous reste-t-il ?

» — Néanmoins, ajoutait le général, je suis triste, mon cher Edouard ! car pour le moindre de ses vœux, donnerais ma vie..., et je vois qu'elle voudrait rentrer en France... Elle vous l'a dit, n'est-ce pas ?... Nul ne l'inquiéterait sur cette terre bien-aimée... Mais l'y laisser aller sans moi !... Oh ! c'est affreux. Et pourtant, il le faudra bien ! Je me suis fait l'homme d'une cause sainte, mais perdue ; tant pis pour moi... Je n'ai le droit de condamner personne à partager la peine de ma loyauté... ou de ma folie !

» Ainsi me parlait le général... Je m'attendais presque, et le cœur m'en battait, à la proposition de reconduire en France la belle veuve... Mais non ; le général resta émigré, messieurs, et la comtesse ne retourna pas dans son pays.

» Le préambule est fini. Pardonnez-moi sa longueur. Au fait, maintenant ; et à votre santé, messieurs. Tout le monde but.. excepté Hippolyte.

« La première pensée qui me vint, et on dit que les premières sont les bonnes, reprit M. de Ramières, ce fut après cette confidence de demander mon congé au général. Mais sur quoi motiver ma demande? Pouvais-je, sans mourir de dépit et de honte, avouer à Armand que j'étais amoureux de sa maîtresse ? j'aurais dû chercher ; j'aurais fini par trouver une raison moins douloureuse pour mon amour-propre... Je ne cherchai rien ! je fis comme on fait à l'âge que j'avais : j'acceptai follement l'amer plaisir de voir tous les jours la comtesse, car le général m'envoyait chez elle tous les jours ! Bientôt mon mal devint incurable, et l'immense travail qu'il me fallut pour le cacher eut le résultat trop naturel de me rendre parfaitement ridicule... Mais aussi, et voilà le pire ! c'est que je me mis à haïr profondément l'homme qui tous les jours me tourmentait, moi misérable, de son insolent bonheur.

» Une année se passa ainsi... Une année de joies divines pour Armand... et d'infernales tortures pour votre enragé camarade ! La comtesse souffrait moins de son exil depuis qu'elle était si heureuse de son amour. Aimer ou être aimée, c'est toute la vie pour les femmes !... Cependant elle obtint du général qu'il la rapprocherait de la France. Elle connaissait à Jersey, nous y arrivons, vous voyez, un prêtre français, émigré, qui avait été l'ami de sa famille, et dans ses pudiques inquiétudes, elle voulait aller demander à ce prêtre de légitimer devant Dieu son union avec Armand.

» Nous partîmes, et notre navigation fut assez mauvaise. Cette Manche est toujours absurde à traverser. J'eus alors quelques heures de vraie gloire, messieurs, Le général souffrait jusqu'à l'abrutissement ; la comtesse était malade, mais avec cette grace qui ne la quittait jamais. Quant à moi, j'étais solide dans le roulis comme un vieux loup de mer, et tandis que mon chef, changé en un ballot inerte, gémissait passivement au fond de sa cabine, j'avais la joie empoisonnée de soutenir dans mes bras la femme que j'adorais et qui lui appartenait pourtant à lui, cet automate impuissant !... Et sa frayeur me donnait presque ce que m'eût donné son amour ; s'il venait un coup de tangage, elle se laissait aller, tout éperdue, sur ma poitrine embrâsée; elle m'admirait comme un dieu, moi qui riais de la tempête ! Et je ne sais ce que je lui disais alors, des paroles démesurées, hardies, qui me rendaient fou, et qu'elle n'entendait pas sans doute, quand son front glácé touchait ma bouche ardente, quand ses yeux craintifs rencontraient mes yeux étincelans !

» Oh ! quelle journée... et quelle nuit, messieurs!

» Enfin, mon horrible bonheur cessa. Nous entrâmes dans la baie de Saint-Hélier, ce beau lac si rarement troublé! Nous étions à Jersey.

» Et ce fut moi, mes amis, qu'on chargea de trouver le prêtre et de l'amener. Je fus un des témoins de ce damné mariage. Vous représentez-vous ma figure? J'étais malade, en vérité; je riais tout seul, je devenais idiot.

» Et maintenant, tenez, qu'il faut que je vous dise comment a fini cette histoire... je n'ose... le cœur me manque. Il me semble que j'ai été le plus cruel et le plus lâche des hommes... Pourtant est-ce ma faute donc si elle était la plus belle et la plus dangereuse des femmes? N'importe, j'en ai là un remords que je ne souhaite à personne.

» Au bout d'un mois, Armand reçut l'ordre de se rendre sur la côte de Bretagne pour surveiller un débarquement de fusils. C'était une expédition assez périlleuse; mais comme elle devait aussi être fort courte, le général résolut de partir, sans rien dire à la comtesse dont il redoutait les terreurs et les larmes. Il me pria seulement le lendemain, sans paraître y mettre la moindre importance, de dire qu'il était allé à Guernesey passer quelques Vendéens en revue ; une absence de deux ou trois jours.

» Il dîna chez Hélène, en promettant de revenir dans la soirée... Je le conduisis en canot jusqu'au navire qui l'attendait ; je l'embarquai ; personne ne le sut... Et puis, quand j'eus remis pied à terre, j'allai me promener, sombre et fiévreux, à travers les roches si belles dont la nature a fortifié cette île merveilleuse. Alors, messieurs, il me vint une pensée que depuis vingt ans je trouve affreuse, quand ma mémoire la ressuscite, mais qui ce jour-là, oserai-je le dire, me parut presque légitime!... La passion est un habile sophiste, mes amis! Croiriez-vous qu'Hélène, devenue la femme du général, passait à mes yeux pour moins sacrée que si elle fût restée sa maîtresse?

Vingt fois déjà, dans mes jours de probité, j'avais eu envie d'aller me jeter à ses genoux pour lui avouer mon amour et me tuer ensuite... Mais l'idée que le lendemain peut-être Armand regarderait mon cadavre avec une insultante pitié m'avait toujours arrêté en chemin. Sans doute il entrait aussi dans ma répugnance un peu de ce sentiment animal qui fait qu'on ne se tue qu'à la dernière extrémité... Toujours est-il qu'en ce moment-là, seul, débarrassé de mon rival pour huit jours, pour la vie peut-être... car il pouvait ne pas revenir! je ne sentis plus rien de cet amoureux désespoir..

L'autre pensée. la pensée funeste et maudite, était déjà maîtresse de mon cerveau.

» J'attendis la nuit pour rentrer chez le général, où j'avais aussi mon logement. Nous étions, lui et moi, de la même taille. Je m'habillai comme il avait coutume de le faire, quand il sortait le soir, avec une redingote longue et un grand chapeau. Je pris la clé de derrière du cottage où demeurait la comtesse, et par un ciel noir comme mon cœur, nuit sans lune, nuit dont je n'ai retrouvé la pareille qu'à Madrid, quand le maréchal que nous escortions faillit être assassiné, j'osai, sans m'arrêter, sans retourner sur mes pas, marcher à ce que j'appelais ma vengeance.

» Et cependant, mon Dieu! elle ne m'avait rien fait, la pauvre femme... elle m'avait traité toujours comme un ami; elle me disait ses peines et ses joies comme à un frère... C'était donc de sa confiance que je pensais à me venger, misérable!

» J'entrai sans bruit dans le petit jardin et je m'y tins caché parmi des lauriers énormes, une des beautés de Jersey. L'obscurité me favorisait, sans quoi c'eût été dificile. Hélène se promenait en attendant le général; elle passa bien des fois près du buisson, mon asile parfumé; j'entendais sa respiration et j'étais si calme dans mon dessein diabolique. que je souriais tout bas à ses petits cris de terreur lorsqu'il lui arrivait en marchant de déranger quelqu'un de ces crapauds qui peuplent si abondamment, l'été, la plupart des jardins de l'île. Elle attendit long-temps ainsi: puis elle rentra, impatientée, en s'écriant : — Oh ! les vilaines bêtes !.. — Et peu à peu je vis le mouvement s'arrêter dans la maison ; les lumières disparurent ; les domestiques allèrent se coucher... J'attendis quelques minutes encore que tout fût bien paisible, et retournant à la porte du jardin, je fis comme si je l'ouvrais... Après cela, j'entrai dans cette maison dont tous les coins m'étaient connus.

» La malheureuse comtesse venait de s'endormir... »

M. de Ramières allait achever, sans doute, quoique la voix lui tremblât, quand tout-à-coup il se sentit prendre le bras.

C'était Hippolyte qui se levait, la physionomie horriblement bouleversée.

— Assez, monsieur !... assez ! s'écria-t-il.. La maison était sur le chemin de Saint-Sauveur, n'est-ce pas?

— Oui... répondit M. de Ramières dans un saisissement impossible à décrire.

— Une maison blanche à deux étages, un toît en chaume, un péristyle peint en vert, avec du lierre autour des colonnes ? Le nom, c'était Nortumberland-Place, n'est-ce pas ? c'est bien cela !

— Oui... Nortumberland-Place, Saint-Saviour's Road !... Mais comment pouvez-vous donc savoir ?

— Je suis de Jersey, monsieur... je vous l'ai dit, reprit le jeune homme avec un accent qui fit courir le frisson dans toutes les veines. Qu'y a-t-il donc d'étonnant à ce que là-bas j'aie appris cette infernale histoire ?

— Vous, monsieur de Bonneval?

— Oui !... puisque je vous le dis... Et, après votre crime.. car vous appellerez bien cela un crime, n'est-ce pas? que fîtes-vous?

— Allons donc, Bonneval! dit M. de Bazance... vous parlez au colonel d'une façon...

— Que je défends à qui que ce soit de juger! interrompit Hippolyte exaspéré!

—Laissez, Bazance, dit M. de Ramières d'un air complètement abattu; ceci est entre le chevalier et moi... Monsieur de Bonneval, vous ne me connaissez pas... Vous avez le droit de ne pas croire à mes paroles... Cependant je doute que les prêtres des vieilles ou des nouvelles religions aient jamais rêvé pour leurs damnés des tortures comparables à celles que le désespoir de ma victime fit flamboyer par tout mon être !... En horreur à moi-même presque aussitôt, j'avais voulu m'enfuir après mon exécrable victoire... mais je m'étais trahi !... j'étais reconnu !... il me fallut assister au mal que j'avais fait.. Mon Dieu ! mon Dieu! n'est-ce donc que la mort qui m'ôtera cet affreux souvenir ?...

— Et quand le général revint, monsieur ?

— J'ignore ce qui se passa... le jour même Je partis pour la France, sans m'inquiéter si le rivage me gardait ou non l'échafaud. Voilà tout, messieurs.

— Et vous n'avez rien su depuis? insista le jeune homme d'une voix effrayante... Rien, monsieur? rien? Vous ne vous êtes pas informé si la malheureuse avait seulement pu survivre à votre attentat?

— Long-temps après, répondit le colonel, soumis comme un coupable devant son juge ; j'ai su qu'elle était vivante, et qu'elle avait un enfant.

— Bravo ! s'écria un chef d'escadron : si la mère et l'enfant se portent bien, où est le mal ?... C'est vrai, par Dieu !

— Comme cela, te voilà père ! dit un autre.

Hippolyte fit un mouvement terrible... On crut qu'il allait parler, mais il se tut ; et ceux qui le regardaient eurent frayeur pour lui. Ses yeux étaient deux fournaises sanglantes où l'on voyait les larmes venir se brûler. Il y eut un long silence. Tout le monde avait été frappé de l'inexplicable fureur du jeune garde, et plus encore de la patience avec laquelle le colonel avait reçu d'injurieuses interpellations... Cette tristesse profonde d'un homme ordinairement si spirituel et si gai, avait aussi quelque chose de mystérieux et de fatal... Les plus fins se perdaient dans tout cela ; la curiosité était générale ; et personne, pourtant, ne se fut trouvé assez hardi pour demander le mot de l'énigme.

La contenance de chacun devenait gênante et difficile.

— Dites donc, Ramières ! risqua quelqu'un, savez-vous qu'elle n'est pas du tout drôle, votre aventure ?

— C'est vrai, messieurs, répondit le colonel en s'efforçant de sourire... J'ai mal compris mon rôle : je l'ai joué au sérieux... et ici, c'était stupide !... Allons prendre le café.

Tous se levèrent en tumulte. Hippolyte et M. de Ramières restèrent les derniers.

— Quelque chose vous a donc bien vivement touché dans cette faute de ma vie, Monsieur? demanda celui-ci d'une voix que l'émotion brisait.

Le jeune homme le regarda long-temps avec tous les amours et toutes les haines de la terre peintes à la fois sur le visage ; et puis il le quitta en lui disant, les yeux baissés :

— Je ne sais pas, monsieur!

Ramières le vit sortir, pensif, sans d'abord vouloir le suivre. Mais bientôt il courut après lui :

— Est-ce que nous ne nous reverrons pas ? lui dit-il.

— Si nous nous reverrons, monsieur! répondit l'enfant avec une expression que rien ne saurait rendre : par le ciel ou par l'enfer, je le crois bien que nous nous reverrons!

Le fils de madame de Marignan ne rentra point cette nuit là au quartier des gardes du corps. Il erra devant lui, à l'aventure, sans savoir, demandant vainement à la brise humide un peu de fraîcheur pour sa tête brûlante, et le jour venu, des paysans qui allaient au marché le trouvèrent évanoui, insensible, au pied d'un arbre des Champs-Elysées. Ils crurent qu'il était ivre et ils le portèrent à l'hôtel du quai d'Orçay. Il fut malade long-temps au point d'effrayer ses camarades qui l'aimaient tous, comme je l'ai dit. Dans son délire, le pauvre enfant n'avait de cris que pour appeler sa mère et le prêtre; mais quand la fièvre le quittait, le saint homme et sa mère elle-même n'eussent peut-être pas obtenu une parole de lui, tant il était morne et comme absent du monde extérieur.

Dès qu'il put se lever, il écrivit pour demander un congé ; il envoya chercher un passeport, des chevaux de poste, et puis il se fit conduire à l'hôtel du duc.

Pour la première fois, depuis qu'ils se connaissaient, le pair de France parut à l'égard d'Hippolyte vouloir enfin se dépouiller de sa froideur habituelle. Il vint le recevoir à la porte de son cabinet et le conduisit, en le soutenant, jusqu'à un fauteuil. Il le gronda affectueusement d'être venu au lieu de le faire appeler ; il s'informa comme un ami, presque comme un père, s'il souffrait encore et comment il avait dormi. Il lui prit les mains et l'attira tout près, afin, disait-il, de mieux voir les ravages que la fièvre et les larmes avaient laissés sur cette jeune et noble figure.... Il lui dit d'avoir courage ; il l'appela son enfant... c'était presque lui dire *mon fils!*

Hippolyte tremblait de surprise et de joie.

C'est que le duc avait voulu savoir tous les détails de la scène du banquet, et des doutes s'étaient élevés en lui sur ce passé si obscur et si lamentable.

Pendant qu'ils causaient, les chevaux de poste entrèrent dans la cour. Au bruit de leurs grelots, M. de Rocheblanche se leva pour regarder, et d'un air alarmé que le jeune homme ne lui avait pas vu :

— Vous partez, chevalier ? dit-il... c'est pour vous ces chevaux?

— Oui, monsieur le duc, répondit Hippolyte.

— Et où allez-vous, faible comme vous êtes?

— A Jersey, monsieur...

— A Jersey, pauvre enfant!... Mais c'est une imprudence que je ne permettrai pas...votre mère m'a donné sur vous des droits... Je ne veux pas que dans un pareil état... Qu'allez-vous faire à Jersey?

— Ma mère est morte, monsieur le duc... Il y a plus d'un an! et j'ignore encore où dorment ses restes chéris... Qui sait, hélas ! si la mer ne les a pas emportés de cette terre qui proscrit les étrangers morts (*)? Laissez l'enfant aller chercher le tombeau de celle qui vécut et mourut pour lui..... Pauvre tombe inconsolée, sans une fleur, sans une larme de personne ! Et toi, mon Dieu ! veuille dans ta justice immortelle que mes prières et mes sanglots éveillent enfin la vérité ensevelie avec ce corps dont tu gardes l'ame à tes côtés !... Car on l'a outragée, ma mère, monsieur le duc! Et moi, un soldat, je ne l'ai pas vengée... Non ! je suis tombé là, frappé de la foudre... Et me voilà éperdu, aveugle, impuissant, ne sachant que dire, n'osant rien faire..... Et peut-être tu me maudis, toi, ma mère ! Ton ombre indignée pleure sur ton lâche fils qui n'a pas souffleté l'infâme!... Le pouvais-je, pourtant?... Si cet infâme était mon père, monsieur le duc?... Oh ! par pitié ! tenez, je tombe à vos pieds, je deviens parjure, j'avais promis à ma sainte mère de ne jamais rechercher le mystère de ma naissance... Mais, au nom du ciel, au

(*) A Jersey on n'enterre pas les étrangers avec les insulaires; il y a pour eux un cimetière à part, assez généralement méprisé.

nom de mon respect et de mon amour pour vous, si vous savez que cet homme est mon père, eh bien!..... dites-le moi.

M. de Rocheblanche releva Hippolyte, et le tint quelque temps serré sur son sein. Ensuite, comme si une voix intérieure lui eût parlé, il le baisa au front, dans une émotion profonde.

— Je ne vous retiens plus, dit-il; partez, mon enfant; allez où votre cœur vous appelle.... Seulement, je désire que Saint-Jean vous accompagne..... et fasse le ciel que vous rapportiez ici la vérité!

Arrivé à Jersey, Hippolyte chercha le vieux prêtre, et celui-ci le conduisit au tombeau de madame de Marignan. Ils pleurèrent ensemble, à genoux, tout un soir, et puis il vint à la pensée du fils que peut-être il obtiendrait d'emporter en France les restes de sa mère. C'était possible, en effet, pour de l'argent.

En rentrant chez le prêtre, le jeune homme trouva précieusement conservés dans une chambre où ne pénétrait personne, tous les objets que sa mère avait aimés. Le bon solitaire rendait un véritable culte à la mémoire de madame de Marignan. Ce fut au milieu de ces touchans débris qui lui ressuscitaient son enfance et la gardienne adorée de ses premiers pas, qu'Hippolyte répéta au saint homme l'affreuse confidence de M. de Ramières.

Quand il eut fini, il vit que le prêtre pleurait, et il trembla... Cependant il se jeta à ses pieds :

— Oh! je vous en conjure, s'écria-t-il, vous à qui

elle n'a rien caché, dites-moi si cet homme est mon père, et quoiqu'il l'ait outragée si lâchement, je vous jure, par ses douleurs à elle, que j'honorerai cet homme, et que je tâcherai de l'aimer!

Il y eut un violent combat dans l'ame de ce digne homme, quand il vit celui qu'il avait élevé le supplier avec tant d'angoisses. Sans doute, il savait la vérité!... mais il ne pouvait pas la lui dire.

Il emmena Hippolyte hors de la chambre, parce qu'il sentait qu'en restant là il risquait de se trahir.

Quand ils furent ailleurs, il prit l'enfant dans ses bras, et d'une voix grave comme le serait celle de Dieu, il lui dit ces paroles solennelles : — J'ai juré à ta mère que je me tairais, mon enfant?... Mais tu vas retourner en France chargé de la dépouille mortelle de celle qui est maintenant l'épouse à jamais heureuse du Seigneur.. Je m'étais promis d'aller tous les jours prier où tu l'as vue : j'irai en France avec toi achever ma mission dernière... et dire la vérité au duc.

Ils partirent.

Le retour fut lent. A chaque église, depuis Saint-Malo jusqu'à Paris, le fils s'arrêtait et faisait prier pour sa mère, il semblait se complaire dans ces mélancoliques stations. Il avait peur d'arriver!... le prêtre était si impénétrable!

A peine descendu de voiture, le confesseur de madame de Marignan se fit conduire chez le duc. Quant au jeune homme, il suivit le cercueil dans l'oratoire de l'hôtel, et resta seul pour le garder, prosterné le front sur la pierre.

Il était là depuis une heure, n'osant point espérer, en proie à une perplexité mortelle, quand la porte s'ouvrit devant le duc, qui tenait le prêtre par la main.

Hippolyte se leva et voulut marcher, mais il ne put... Il retomba agenouillé, s'appuyant d'une main sur le cercueil, de l'autre, contenant les effroyables battemens de son cœur. Une minute de plus, et il expirait.

Mais le duc vint à lui la figure baignée de larmes ; il le releva en l'embrassant, et de sa bouche pleine de sanglots sortirent ces paroles divines : — Je viens chercher mon fils !

— O ma mère ! s'écria l'enfant... et il ne put rien ajouter : trop de joie le suffoquait ! Et puis, c'était étrange... tant de bonheur à côté d'une bière !

On fit à la duchesse des obsèques magnifiques ; et quelques jours après, les magistrats civils reçurent de très haut et très puissant seigneur Raoul-Alexandre-Armand de Campanos, duc de Rocheblanche, lieutenant-général des armées du roi et commandeur de ses ordres, grand d'Espagne de première classe, etc., etc., une déclaration de laquelle il résultait que le chevalier de Bonneval porterait désormais les noms et titres légitimes de marquis Hippolyte de Rocheblanche.

Toutes ces choses étant faites, Hippolyte sortit un matin, sans rien dire à qui que ce fût, pour se mettre à la recherche de M. de Ramières.

Un régiment de hussards venait d'arriver à Fontainebleau. C'était le plus beau de l'arme, et la ville en avait une joie infinie. Les villes de garnison sont idolâtres de la cavalerie légère, d'abord parce que c'est de la cavalerie, et qu'elle enrichit l'octroi par l'entrée du fourrage que mangent les bêtes; puis parce qu'elle est *légère*, c'est-à-dire élégante, leste, jeune, jolie, et presque toujours riche. C'est dans la cavalerie légère que s'engagent tous ces aimables mauvais sujets, dont les pères, les oncles ou les frères sont las de payer les dettes : on leur fait une pension ; on ne leur interdit complètement ni l'emprunt ni la lettre de change, et ils prennent la pelisse. C'est dans la cavalerie légère que se jettent les jeunes nobles par le titre ou par l'argent, qui n'ont pu s'attacher à aucune ambassade, ou qui ne veulent pas encore se marier, ou qui font fi de l'apprentissage financier, ou qui ont tué un ami en duel, ou qu'une maîtresse immensément aimée a trahis. C'est enfin dans la cavalerie légère que viennent se réfugier la plupart des fils de colonels et de généraux qui ne faisaient rien au collége ou qui sont sortis de l'Ecole polytechnique à l'état de *fruits secs*, etc., etc. De tous ces élémens si féconds sort naturellement une masse brillante, brave, bien élevée selon le monde, c'est-à-dire turbulente, tapageuse, joueuse, rieuse, amoureuse, buveuse et généreuse, providence des cafés, reine des billards, lumière, plaisir, mouvement des salons où les femmes ne sont pas trop vénérables, ni les jeunes filles trop innocentes. Quant au mari, au bourgeois proprement dit, il n'aime point la cavalerie légère, et ce n'est pas moi qui l'en blâmerai, l'intéressant et infortuné qu'il est.

La cavalerie légère ne connaît point l'appel du soir; elle tient le jeu, la danse et le reste jusqu'à l'heure la plus indue. Le jour va luire : regardez par les fentes des volets de cette maison encore éclairée : les billes roulent, les dominos cliquètent, le punch brûle; tout est vif, preste, éveillé comme en plein midi ; c'est de la cavalerie légère. Les chefs savent cela et ils le souffrent ; on ne tient pas des hussards comme on tiendrait des dragons. Et puis, c'est qu'ils adorent leurs chefs, les gentils vauriens ! Et puis, c'est qu'ils sont tous recommandés, qui par leur mère, qui par une sœur, qui par un ministre, qui par une duchesse, par un prince, par le notaire du colonel, par un banquier, par un évêque, par le diable! Allez donc les punir! Et pourquoi ? de quoi ? sur quoi ? Quand sonne la manœuvre, ils y sont tous; tous au pansement, tous à la botte; foin, paille, viande, pain, tout va bien, tout vient bien, tout est bien. Qu'on annonce ce soir une inspection pour demain, et demain le régiment sortira tout entier, dans une tenue d'hommes et de chevaux à rendre muet le plus terrible, fût-ce le mari de la charmante comtesse de S... fût-ce l'empereur Nicolas, ou le grand Frédéric qui est mort. Laissez-les donc debout, puisqu'ils n'ont pas besoin de dormir.

Vive la cavalerie légère! n'est-ce pas, mes bons amis de Fontainebleau ? n'est-ce pas, mon brave Reuiller ? n'est-ce pas, monsieur Lez ? n'est-ce pas, monsieur Lheureux ? Vive la cavalerie légère ! n'est-ce pas, mesdemoiselles, quoi qu'il vous en coûte, quand elle vient, le blanchissage de tant de bonnets ? Et pourtant, c'est triste à penser qu'une si belle jeunesse soit ainsi réduite à user pour rien les plus riches années de sa vie... Voyez-vous toutes ces intelligences se dépenser le matin à juger le mérite d'un coup d'étrille, du partage d'une botte de paille, du cirage d'une courroie? Moïse, Solon, Lycurgue, Platon, Zoroastre s'y seraient abrutis, Dieu me pardonne ! Que reste-t-il qui soit possible à ces pauvres jeunes gens après seulement trois mois de cette magnifique application de leurs facultés ? fumer, jouer et boire ! c'est ce qu'ils font, hélas ! et bien ardemment, je vous jure... comme ils feraient autre chose, après tout : la bonne volonté ne leur manque pas. L'oisiveté des garnisons est vraiment quelque chose de honteux : condamner des hommes distingués à devenir tout simplement des entonnoirs à bière, des cheminées à tabac ! Un colonel, M. de Brack, avait voulu dans ces derniers temps relever l'armée d'une condition si indigne du siècle et de la France ; le régiment qu'il commandait, le quatrième de hussards, s'était transformé dans ses mains au point qu'on le citait partout avec admiration et envie. Aussi l'école du colonel fut-elle trouvée dangereuse. Imaginez donc qu'il rendait savans des sous-officiers, qu'il changeait presque ses soldats en citoyens !... Imprudent !

Mais de quoi est-ce que je me mêle, je vous prie ? Tout ceci ne me regarde pas. A ton histoire, séditieux !

La ville était dans tout le fracas des fêtes données au régiment nouveau venu. Il y avait grande soirée au château, le colonel, monsieur de Ramières, accompagné de son brillant état-major, recevait des complimens du gouverneur, qui alors était, je crois, monsieur Melchior de Polignac, quand on annonça le chevalier de Bonneval.

A ce nom, le colonel pâlit et se retourna involontairement. Hippolyte, c'était bien lui, vint saluer le gouverneur, qu'il avait plusieurs fois rencontré aux Tuileries, et, se contenant à merveille, il le supplia de reprendre la conversation que son arrivée avait si mal à propos interrompue. Il regarda ensuite le colonel, mais comme on regarde un étranger.

Monsieur de Ramières ne savait que penser. Depuis quatre mois, au reste, qu'ils ne s'étaient vus, et ils ne s'étaient vus qu'une fois, on aurait pu, à la rigueur, parier que l'ancien garde-du-corps ne se souvenait plus de lui...

— Je félicitais le colonel, dit le gouverneur à Hippolyte, de la distinction si bien méritée, d'ailleurs, dont il vient d'être l'objet.

— Ah! monsieur de Ramières a reçu une faveur? dit Hippolyte... Quoi donc? J'ignorais cela complétement.

Le colonel se mordit les lèvres : le chevalier l'avait reconnu ; c'était donc avec intention qu'il ne l'avait point salué...

— Sa Majesté, reprit monsieur de Polignac, en récompense de la belle conduite du colonel dans son expédition en Grèce, l'a nommé hier comte et chevalier de ses ordres.

— Vraiment !... s'écria le jeune homme en riant d'une façon étrange... Souffrez, monsieur le gouverneur, que je ne félicite point Sa Majesté.

— Monsieur !... dit le colonel, le visage enflammé... Et puis la voix lui manqua ; il se tut.

— Qu'est-ce que cela veut dire ? demandèrent à la fois tous les officiers ?

— Cela veut dire, reprit Hippolyte sans s'émouvoir, que s'il reste un peu de cœur à cet homme, il vous avouera lui-même que les bonnes graces du roi ne pouvaient pas plus mal tomber.

— Ah çà ! il est ivre, ce monsieur ! dit l'état-major.

Le colonel imposa silence à ses officiers. L'insulte directe qu'il venait de recevoir lui avait rendu son sang-froid.

— Point d'injures, messieurs, point de scandale dans cette royale demeure, dit-il d'une voix creuse, mais paisible... Monsieur le gouverneur, je vous demande pardon pour ce jeune homme, qui n'a point songé que venir m'insulter chez vous, c'était à la fois manquer d'égards envers votre personne et de respect envers le roi..... Maintenant un mot, monsieur de Bonneval.

Et il emmena Hippolyte dans une embrasure de fenêtre.

— Vous êtes bien imprudent, monsieur, continua-t-il... Je ne vous demande pas pourquoi vous m'avez insulté tout-à-l'heure; c'est l'affaire de ceux qui jugeront notre querelle... Mais avez-vous songé que des paroles comme celles-là nécessairement coûtent la vie à quelqu'un? Le monde le veut ainsi!

— Je le sais, monsieur, répondit froidement le fils de madame de Marignan.

Monsieur de Ramières leva sur lui des yeux plus remplis de douleur que de colère... Il eût pleuré sans tout ce monde.

— Mais que vous ai-je donc fait, à vous?... reprit-il involontairement... Enfin, demain matin, à huit heures, mes témoins iront vous prendre... Où êtes-vous logé, ici?

En ce moment la porte près de laquelle ils se trouvaient s'ouvrit à deux battans, et le valet de chambre annonça:

— Son excellence monseigneur le duc de Rocheblanche, ambassadeur en Espagne.

A l'entrée du duc de Rocheblanche, Hippolyte et le colonel tressaillirent à la fois.

— Le duc à Fontainebleau...? ici! dit le jeune homme... Pas un mot de plus!... Il ne faut pas qu'il sache... Il ne faut pas qu'il me voie seulement.

— Sans doute... oui!... répondit le colonel dans le plus grand trouble... Mais comment?... Il vous connaît donc aussi, vous?

Le marquis crayonnait à la hâte son adresse sur une carte.

— Le duc est mon père, monsieur, dit-il au colonel en la lui remettant.

Et il s'éloigna, laissant monsieur de Ramières foudroyé... Mais le duc les avait déjà vus.

Le lendemain, à l'heure indiquée, deux chefs d'escadron vinrent chercher Hippolyte qu'ils trouvèrent seul ; et comme ils s'en étonnaient : — Les témoins de monsieur de Ramières seront les miens, leur dit le jeune homme.

Il y a dans la forêt, entre le chemin qui mène au village d'Achères et lieu dit l'*Atelier Grandjean*, un puits fort ancien et fort bizarre qu'on appelle le *Puits du Cormier*. Pourquoi ce nom ? on n'en sait rien. C'est vainement que vous chercheriez aux alentours le plus petit vestige d'un cormier jeune ou vieux. Des traditions de toute sorte s'attachent à cette antique construction. Les uns veulent y voir les oubliettes d'un château féodal, d'autres l'*in pace* d'un affreux couvent. Les plus positifs ne savent qu'en dire, et, en effet, ces données-là et d'autres encore pouvaient être vraisemblables à propos d'un souterrain de fort mauvaise mine qui tourne sur lui-même et aboutit à un trou noir probablement très profond. Les amours ont aussi leur part dans les légendes contradictoires de ce vieux coin de la forêt. Jadis l'eau du puits du Cormier donnait aux amans la constance et aux époux la fécondité. Le serment par le Cormier, un peu d'eau, bue à deux dans la même tasse, constituaient un irrévocable engagement, et si, comme dit naïvement l'histoire, au bout d'un an et un jour la sage-femme n'était pas appelée, l'eau du puits plus efficace que ne fut jamais eau de Vichy ou de Forges, venait encore au secours du ménage insuffisamment béni. Les époux choisissaient une nuit, entre eux, et dans le plus profond secret, ils ne se couchaient point cette nuit-là, mais ils s'agenouillaient dos à dos dans leur chambre et priaient ensemble, la fenêtre ouverte; la femme ayant autant que possible le visage tourné vers la lune, en supposant qu'il y eût de la lune. Puis, quand minuit avait sonné, les époux sortaient de chez eux à pas de loup, sans être vus ni entendus de personne, car autrement l'affaire eût été manquée, et ils se mettaient en route pour la forêt, sans se rien dire, les bras entrelacés, marchant du même pied toujours, la femme avec une cruche sur la tête, le mari avec une corde en crin pendue au cou. Ils prenaient ainsi un chemin nullement praticable, parfaitement affreux, mais le seul bon, parce qu'il était le plus direct. Ils traversaient la Fosse à Rateau, la Tête à l'Ane et autres cantons tout aussi peu chrétiennement baptisés; ensuite, laissant à droite le sauvage Mont-Fessas, le magnifique Mont-Aigu, ils s'engageaient dans une horrible chaîne de rochers où restaient bien souvent les souliers de la femme et partie des bottes du mari; puis enfin, après bien du mal, bien du mal, ils trouvaient une niche avec un banc pour une personne, où ils se reposaient l'un après l'autre. Il fallait prendre bien garde de s'endormir là; un œil fermé aurait encore tout perdu. Donc, après une courte halte, les intéressans époux descendaient droit devant eux dans la vallée, sans se rien dire toujours, la femme avec la cruche, l'homme avec la corde, par un chemin fourré et touffu à ne voir ni ciel ni terre. Pourtant on arrivait au puits, ou on n'y arrivait pas; c'était selon comme on avait sagement et pieusement vécu pendant l'année. Alors le mari attachait la cruche de sa femme à sa corde et il puisait, et la femme s'en allait toute seule, pauvre effrayée qu'elle était ! vider la cruche loin du puits, dans une auge où buvaient les loups et autres sires forestiers. Et elle allait ainsi du puits à l'auge, de l'auge au puits, jusqu'à ce que l'auge fut pleine ; et il fallait qu'elle eût fini avant que le premier rayon du soleil levant vînt frapper la Pierre-Blanche, qui est une haute pointe parmi celles dont le Mont-Aigu se couronne... Alors la pauvre femme venait se jeter brisée, haletante, dans les bras de son mari ; et puis... ma foi, je ne sais plus !

La corvée était rude, comme vous voyez; mais il paraît que l'effet en était infaillible. Quand par hasard les pèlerins ne réussissaient pas, c'est qu'il y avait eu de leur faute, très certainement; de l'indiscrétion, du bavardage, la corde ou la cruche mal portée, paresse à remplir l'auge, sommeil sur le banc de la niche, impatience dans le mauvais chemin !... On rit de toutes ces choses aujourd'hui que le puits est à sec... « Ainsi se *tarissent* toutes les croyances, me disait d'une voix tristement moqueuse l'aimable curé de Guercheville. O grand peuple de grands esprits ! si l'eau coulait, tu croirais encore à ses vertus. »

Ce fut là, près de ces ruines, que les amis du colonel conduisirent le fils de madame de Marignan. Ils n'y trouvèrent point monsieur de Ramières, quoique la veille il leur eût promis d'être le premier au rendez-vous. Au bout de quelques minutes, ils se crurent obligés de faire à Hippolyte des excuses que celui-ci reçut en s'inclinant et sans répondre.

Une demi-heure se passa ainsi : l'embarras des témoins devenait grand ; ils se demandaient, la rougeur au front, s'il leur faudrait donc, à cause de ce retard inexplicable, déclarer un Ramières, ce brave entre tous les braves, déchu désormais du droit de venger son honneur ! Quant au jeune homme, il se promenait en silence et les bras croisés, sans paraître seulement songer si le temps s'écoulait ou non.

Enfin, on entendit le galop d'un cheval. C'était le colonel qui accourait bride abattue. Le plus jeune des officiers fit observer à l'autre qu'il y avait trois quarts d'heure qu'on attendait.

Monsieur de Ramières tomba de cheval plutôt qu'il n'en descendit. Ses amis furent effrayés en le voyant ; Hippolyte eut comme un mouvement de pitié. Le colonel semblait avoir vieilli de dix ans depuis la veille.

— Messieurs, dit-il d'une voix qu'il cherchait vainement à rendre ferme, je vous demande pardon d'être arrivé si tard... En vérité, je ne croyais plus trouver personne... Et l'honneur du corps... Enfin, je vous demande pardon !...

Il souffrait lui-même de s'entendre balbutier ainsi...
Les deux chefs d'escadron se regardaient en silence, dans un étonnement triste.

Il se remit un peu cependant, et, s'approchant d'Hippolyte, il le salue.

— Monsieur... le marquis, dit-il, nous sommes ici pour la réparation d'une insulte... Toutefois, il est bon, n'est-ce pas, que ces messieurs ne soient pas trompés sur la nature de notre querelle... Dites-moi : avez-vous entendu offenser hier, dans ma personne, le colonel du régiment dont ces messieurs font partie ?

— Non, monsieur, lui répondit le jeune homme, en le saluant à son tour.

— En paraissant blâmer les bontés du roi à mon égard, avez-vous eu l'intention de nier mes services militaires ?

— Non, monsieur, très certainement.

— Vous le voyez, messieurs, reprit le colonel ; la question n'intéresse point le corps et ne regarde que ma personne. J'ai donc le droit, moi, d'agir en toute liberté... C'est pourquoi je dis que je ne me battrai pas avec le marquis, Hippolyte de Rocheblanche, parce que... parce qu'il ne me paraît pas qu'hier il m'ait véritablement offensé... Je suis maître d'avoir une opinion à cet égard, n'est-il pas vrai ?

Il avait, pour dire cela, le ton d'un homme qui répète une leçon qu'il a apprise. Hippolyte leva les yeux sur lui un moment, et puis il les baissa aussitôt. Il commençait à le trouver malheureux !...

— Mais, colonel... dit le plus âgé des chefs d'escadron, les officiers du régiment ne comprendront peut-être pas la distinction que vous venez de faire !... La franchise du soldat...

— J'entends ! interrompit monsieur de Ramières ; et quoique l'on fut au mois de novembre, il avait le front couvert de sueur. Eh bien !... comprendont-ils, si aujourd'hui, dans une heure, j'envoie au ministre de la guerre ma démission de colonel ?

Celui qui avait parlé, s'inclina. Monsieur de Ramières devint d'une pâleur mortelle... Il resta un moment comme étourdi.

— Puisque c'est ainsi, reprit-il enfin... partez, messieurs, et allez dire au lieutenant-colonel que je ne vous commande plus !

Les deux officiers se turent ; mais avant que d'obéir, ils vinrent à lui, les larmes aux yeux... Lui aussi pleurait, et il se détourna pour ne pas les embrasser !

Hippolyte sentait bien la grandeur de tout cela, et sa tâche devenait de plus en plus terrible.

— Eh bien, chevalier de Bonneval ! lui dit le comte avec plus de douceur que d'amertume, suis-je assez déshonoré ?... Marquis de Rocheblanche, êtes-vous satisfait ?

— Pas encore, monsieur, reprit le jeune homme en le regardant avec une tristesse sublime.

— Oh ! s'écria le malheureux... vous me haïssez donc bien ?

— Je ne vous hais pas, monsieur.

— Oh non ! pas même de la haine, n'est-ce pas ?... Ce serait encore me faire la part trop belle !... Du mépris, c'est assez !

— Je ne vous méprise plus... Écoutez-moi, monsieur le comte. Je vous ai haï de toute mon âme, long-temps après cette nuit des Frères-Provençaux, où pour rien, sans savoir, il vous avait plu de jeter à deux cents têtes ivres l'affreuse histoire de votre crime envers ma mère... Ce fut une infernale torture que vous me fîtes souffrir là ! Ma haine aurait voulu vous tuer, mais le doute arrêtait ma vengeance ; il marchait avec moi, en me montrant ce mot, sans cesse écrit avec son doigt sanglant : *Parricide !* Et comme la vengeance m'était défendue, ma haine me dévorait : il fallait bien qu'elle dévorât quelqu'un... Et puis quand la révélation fut venue, quand l'âme de ma mère, quittant le sein de Dieu, eut dit la vérité au duc par la bouche du prêtre, il me sembla que je vous haïssais moins alors, parce que je sentis que je vous méprisais... Car vous n'aviez pas tout raconté, monsieur ! Je sus ce que vous n'aviez pas osé dire devant mes camarades et les vôtres. On n'ose pas avouer des hontes pareilles ! Je sus que votre crime vous avait fait peur, et que vous l'aviez secoué de vos épaules pour en déshonorer votre victime ! Je sus que vous aviez gagné et payé une misérable servante, afin qu'après votre fuite, elle eut à répandre parmi les propos du samedi soir que vous étiez l'amant de ma mère, et que ma mère trompait son mari... Voilà qui était bien ignoble et bien lâche, n'est-ce pas, monsieur?... Et voilà ce qui fait que je vous ai moins haï ! !...

Cependant, je suis allé vous chercher ; car j'avais juré que l'un de nous deux mourrait... Et puis vous étiez parti ! Pendant quatre ans on nous a dérobés l'un à l'autre ; moi à Vienne ; vous à Smyrne ; moi à Milan, vous à Athènes... Et comme en revenant chez mon père, je ne parlais plus de ma haine, on a fini par croire que je vous avais oublié... Et vous êtes revenu, monsieur ! Maintenant, vous comprenez mon insulte d'hier ; je n'ai pas été le maître de vous la faire quatre ans, ni un jour plus tôt !... Aujourd'hui je la regrette ; aujourd'hui j'en souffre parce que votre repentir vient tout-à-l'heure de vous élever jusqu'à l'héroïsme... Je ne vous pardonne pas, mais je vous plains... Et cependant, vous le sentez bien comme moi, monsieur le comte : rien n'est encore fini entre nous.

— Ce matin, dit péniblement le colonel, comme je sortais pour me rendre ici, j'ai trouvé à ma porte la voiture du duc ; et lui mon général, lui Armand, lui ce frère, cet ami, indignement outragé, venait chez moi après vingt-sept ans me demander la vie de son fils !... J'ai juré que je ne me battrai pas avec vous... Vous savez à présent si je tiendrai mon serment.

— Ce matin, dit Hippolyte d'une voix ferme, mon père est venu dans ma chambre ; il pleurait comme au jour où l'on vint lui dire que ma mère était coupable, et sur les cheveux de la sainte morte à Jersey, pour m'avoir trop aimé, il m'a fait jurer que je ne me battrais pas avec le colonel de Ramières... Ce que j'ai dit tout-à-l'heure devant ces messieurs prouve assez, je pense, que je ne serai pas parjure.

— Eh bien, alors?... que ferons-nous, monsieur? demanda le comte en jetant sur son ennemi un regard d'espérance.

— Nous tirerons au sort à qui tuera l'autre... répondit l'inflexible jeune homme.

— Horreur! s'écria le colonel...

— A qui se tuera, si vous voulez! reprit froidement Hippolyte... savez-vous un autre moyen, monsieur le comte?

Monsieur de Ramières s'assit au bord du puits en ruines et resta quelques instans immobile, muet comme un condamné qui compte ce qu'il a encore à vivre.

Puis il se leva, d'un air, résolu, et il tendit sa main au marquis.

— Donnez-moi votre main, dit-il; c'est convenu : à qui se tuera! Hippolyte lui donna sa main.

Le lendemain, au grand étonnement de chacun, on vit le colonel de Ramières et le jeune marquis de Rocheblanche se promener amicalement par Fontainebleau. Ils furent rencontrés par le gouverneur, qui faisait au père d'Hippolyte les honneurs du royal domaine, et l'ancien général de l'armée des princes ne put, en les voyant, s'empêcher de froncer le sourcil, et d'accuser tout bas son fils de s'être trop réconcilié avec le coupable aide-de-camp.

La surprise fut bien plus grande encore chez ceux qui, deux jours auparavant, avaient vu ou su la querelle des deux hommes quand, vers midi, ils se dirent les uns aux autres que le colonel et le marquis déjeunaient ensemble à l'hôtel Britannique !... Ce fut au point que beaucoup ne crurent pas d'abord à ce fait plus qu'extraordinaire, et qu'ils voulurent s'en convaincre par leurs propres yeux. La salle à manger de l'hôtel, aujourd'hui défunt, alors fameux, regorgea bientôt de gens qui peut-être n'y avaient jamais mis le pied avant ce jour. Le maître et les valets n'en bénirent pas moins cette affluence inattendue, à laquelle ils ne comprenaient absolument rien.

C'était bien la vérité. Les deux personnages de la scandaleuse scène étaient, en effet, à table, l'un vis-à-vis de l'autre, se passant et se versant avec courtoisie les meilleurs mets et les meilleurs vins. Ils restèrent long-temps comme s'ils eussent pris plaisir à défrayer la curiosité passablement indiscrète de leurs voisins. Ils faisaient à voix haute assaut d'esprit et de gaîté!... Ils se levèrent cependant en voyant entrer les deux chefs d'escadron qui, la veille, avaient conduit Hippolyte au puits du Cormier. Alors le colonel demanda quatre verres et une bouteille de vin de Champagne; puis, saluant le marquis et les officiers, il dit : — Messieurs, à l'étendard du brave régiment que j'ai eu l'honneur de commander!

Tous quatre trinquèrent et burent. En remettant son verre sur la table, M. de Ramières le cassa...

— Si c'est un présage, est-il bon? demanda-t-il en souriant... Au surplus, nous verrons bien... Messieurs, allons faire une partie de billard.

Ils sortirent, et bientôt ceux qui étaient venus pour les voir manger, voulurent aussi aller les voir jouer; mais ils eurent beau chercher de café en café, ils ne trouvèrent personne; et ce fut dommage : on perdit là un étrange et rare spectacle, de quoi faire frémir les veillées pendant toute une génération.

Sir Bloodstone, un Anglais assez célèbre en France et dans les îles pour ses fantaisies lugubres, celui qui, au mariage de sa fille, lady Blackberry, trouva divertissant de faire voiturer les gens de la noce par l'entreprise des pompes funèbres, venait de quitter Fontainebleau, laissant à louer une grande maison toute meublée entre la forêt et les superbes jardins de la rue Saint-Honoré. Les conditions du loyer étaient assez raisonnables; mais, dans son despotisme de propriétaire, Sir Bloodstone exigeait absolument que le locataire acceptât l'arrangement des lieux tel qu'il lui avait plu, à lui, de l'établir, et sans y changer la plus petite chose, sous peine de résiliation immédiate. Par ce motif, la maison, quoique belle et bien située, menaçait de ne jamais mettre un schilling dans la poche du capricieux insulaire.

Sir Bloodstone avait deux passions impérieuses : la couleur noire et le jeu de billard. Sur lui et chez lui tout était noir; les habits, les chevaux, les chiens, les chats, les meubles. Il avait des nègres pour le servir;

deux merles chantaient chez son portier, et des corbeaux couraient avec des poules noires dans sa basse-cour, dont un dindon était le roi. Ses voitures étaient noires. Toutes les chambres de sa maison, à l'exception de trois pièces qu'avaient occupées lady Blackberry, étaient tendues en étoffes noires et boisées en ébène. Partout pendaient de larges cadres noirs remplis d'innombrables silhouettes. Le salon était un vrai musée d'estampes à la manière noire. Lampes, plateaux, foyers, tout ce qui était tôle ou fer, brillaient d'un magnifique vernis noir. Les pendules étaient de marbre noir. Je ne me souviens pas si la vaisselle aussi était noire : c'est possible. C'est sûr, au moins, quant aux théières et à leurs tasses.

On entrait par des portes noires, en soulevant des portières en damas noir; les châssis des fenêtres, gris en dehors, étaient noirs en dedans ; noir enfin tout ce qui dans une maison peut raisonnablement recevoir une peinture ou une teinture quelconque; du haut en bas on montait, on marchait sur des tapis noirs. Ceci, je pense, peut expliquer suffisamment pourquoi le *cottage* de Sir Bloodstone était difficile à louer.

Mais c'était surtout dans la décoration de la salle de billard que le joyeux anglais avait donné libre carrière aux fantaisies de son *humour*. Cette salle avait été bâtie exprès, comme un supplément à la maison proprement dite. On y entrait par une galerie qui servait de serre pendant l'hiver, charmant jardin vitré plein d'arbustes et de fleurs rares, seul coin du logis où il n'y eût rien de noir. La salle n'avait point de fenêtres. Le jour y venait par une verrière en grisaille pratiquée dans le toit et où étaient représentées des scènes de cimetière prises à Young, à Hervey, à Shakspeare, et à la fameuse histoire du gentil fossoyeur Jack. Les murs étaient revêtus de stuc noir et divisés en douze panneaux figurés chacun par une pierre tumulaire : des inscriptions funéraires, multipliées à l'infini, couvraient tout le reste. Il va sans dire que le parquet était un damier noir et blanc. Le long des murs, au-dessous des pierres tumulaires, régnait un moëlleux divan de velours noir à franges d'argent.

Au milieu de la salle on voyait un superbe billard en bois d'ébène à filets d'ivoire, chef-d'œuvre du grand artiste Chéreau. La bascule de chaque blouse était une tête de mort en argent. Les queues rayées d'ivoire et d'ébène, étaient rangées dans deux rateliers superbement sculptés, figurant des entrées de tombeaux qu'elles paraissaient fermer comme une grille. Les billes aussi portaient des insignes funèbres, et quand il arrivait au joueur d'en blouser deux simultanément, une espèce de *componium* caché sous la table du billard exécutait un fragment du *Requiem* de Mozart

Le soir, un tableau fort gai, la danse des morts, peint sur laque, venait joindre ses deux panneaux sous la verrière du plafond, et douze urnes lacrymatoires en bronze, faisant l'office de lampes, descendaient éclairer les joueurs.

Tel était le billard du facétieux sir Bloodstone.

Ce fut dans cette maison que le colonel conduisit Hippolyte et les deux chefs d'escadron. Le lieutenant-colonel y était déjà avec le reste de l'état-major du régiment et quelques étrangers de distinction attirés par la célébrité de cette demeure sans pareille.

M. de Ramières avait déjà donné au concierge ses instructions et un louis; car ne jouait pas qui voulait sur le billard noir. Les deux adversaires laissèrent aller tout le monde, et gagnèrent seuls un épais massif d'arbres verts.

Quand ils furent là, ils s'arrêtèrent et le colonel prit la parole.

— Avant que les chances du jeu prononcent sur le sort de l'un de nous, dit-il, laissez-moi, monsieur, vous remercier pour le bien que vous m'avez fait. En consentant depuis hier à passer pour mon ami devant toute cette ville qui fouillait dans nos ames, vous avez rappelé en moi un peu de bonheur et de paix. Vous avez voulu, je le crois du moins, et si je me trompe, par pitié, ne me le dites pas! vous avez voulu me prouver qu'à part l'action infâme pour laquelle vous ou moi allons mourir, nous aurions pu vivre ensemble dans la douce fierté d'une mutuelle estime. En agissant ainsi, vous avez été grand et saint comme votre mère, monsieur, et les dernières paroles que prononcera ma bouche mourante seront une bénédiction pour vous que j'ai tant aimé, pour vous que pendant ces quatre ans j'ai osé croire mon fils! Oh! ne croyez pas que je cherche à vous attendrir, Hippolyte! ne me faites pas l'injure de penser qu'ici, à cette heure, le coupable Ramières veuille faire un appel à votre pitié. Vous avez pris une résolution irrévocable et je vous en loue : la mémoire de votre mère, l'honneur de votre mère valent bien que nous jouions ensemble cette partie terrible qui vous fera mourir pour celle qui est morte de vous avoir aimé, ou qui me tuera .et c'est ce que je souhaite, car ma vie n'avait qu'un crime pour la ronger, et si vous mouriez, elle en aurait deux ! Maintenant donc, allons, mon noble ennemi ; allons, côte à côte et sans pâlir, forcer le destin à nous dire son secret !... Mais avant, jurons de nous accorder réciproquement vingt-quatre heures pour exécuter l'arrêt que le meurtre va prononcer !... J'ai des comptes à rendre au ministre, et vous avez un père à embrasser... Est-ce dit ?

— C'est dit ! répliqua le marquis en détournant les yeux.

Un éclair d'indicible joie passa sur le visage du comte. Quand Hippolyte ramena vers lui ses regards, il le trouva agenouillé.

—Fils d'Hélène, dit le malheureux... me pardonnez-vous ?

Le marquis tressaillit... il voulait encore retenir ses larmes, mais il ne le put pas cette fois !

— Relevez-vous, colonel... s'écria-t-il... Oh ! pourquoi vous ai-je connu ?

Ils marchèrent quelque temps en silence, et puis ils rejoignirent ceux qui les attendaient.

Le jeune homme eut froid en entrant dans cette salle

lugubre. Ce jeu parmi les tombeaux lui parut une moquerie infernale.

Le concierge était là qui tenait les billes. Il avait un air funèbre, lui aussi.

Tous les assistans prirent place : trente personnes à peu près.

Hippolyte et le comte firent d'abord une partie blanche et virent qu'ils étaient de même force.

Cette épreuve terminée, ils tirèrent le billard. Le comte eut l'avantage.

— En vingt-quatre, *partie liée*, dit il...

— Que jouez-vous? demanda quelqu'un de la galerie?

Hippolyte regarda le colonel. Cette question si simple venait de l'épouvanter...

— Une de ces jolies billes à tête de mort, dit en riant le colonel.. Le gagnant emportera la sienne comme souvenir! n'est-ce pas, monsieur le concierge?

Le concierge fit un signe de consentement que le vieux Caron lui eût peut-être envié.

Le colonel gagna la première manche. Le marquis fit manche à manche, avec dix points d'avance sur son adversaire. La galerie trouva que ces messieurs jouaient à merveille.

C'était donc à la belle! Les deux joueurs se regardèrent et eurent peur l'un de l'autre en se voyant si pâles! Ils commencèrent dans un silence profond qui ne fut troublé par personne. Les assistans eux-mêmes éprouvaient comme une indéfinissable anxiété. On eût dit que le terrible mystère était là, vivant, animé, et qu'il touchait chacun de ses ailes invisibles. On n'entendait que la voix tristement monotone du concierge qui appelait les points en les marquant de sa baguette d'ébène.

Le jeu se ralentit. L'instinct de la conservation, ce vigoureux antagoniste du point d'honneur, s'était éveillé chez les deux hommes. Ils ne risquaient plus un seul coup : ils se défendaient pouce à pouce. A cette heure, vraiment, chaque bille qui en frappait une autre trouvait dans leurs cœurs un écho qui répétait le bruit...

C'est que l'heure était solennelle ?

La partie décisive durait depuis quarante minutes; et personne n'avait parlé : le malaise était partout.

— Ces messieurs jouent serré, dit enfin quelqu'un; le morceau d'ivoire sera bientôt gagné !

Ces paroles firent tressaillir le colonel qui jusque-là, en effet, s'était péniblement traîné dans ce jeu de précautions que la langue vulgaire des amateurs appelle d'un nom de légume ou de fleur : à Fontainebleau, *dahlia* ; à Paris et ailleurs, *carotte*. Il s'arrêta. C'était à lui de jouer.

— Comment sommes-nous ? demanda-t-il d'une voix sèche et tremblante.

— Dix-neuf à vingt-un. Vous en avez dix-neuf, répondit le ténébreux concierge.

M. de Ramières regarda fermement autour de lui, tout en frottant de craie le cuir de sa queue. — C'est étrange comme nous voilà gais, dit-il avec un sourire. Ce fond noir n'est pas avantageux au teint ! A nous voir si blêmes, ne croirait-on pas, en vérité, que les morts nous font peur? Allons donc, secouons-nous, morbleu ! j'ai perdu, tenez...

Et il jeta son coup au hasard. Le raccroc lui fit faire un carambolage.

— Vingt-un à vingt-un, gronda lentement le concierge.

— Je vous vole, monsieur de Rocheblanche, dit le comte en reprenant sa pose.

Il joua doucement alors, à ne rien faire, et par une manœuvre dont personne assurément n'eût soupçonné l'intention, il mit la bille du marquis sur la rouge : un doublet magnifique !

— Colonel ! vous n'y êtes plus, s'écria la galerie.

— Qui sait ? dit M. de Ramières d'un air singulier : le coup n'est pas fait.

— Voulez-vous remettre, monsieur le comte ? lui demanda le jeune homme en s'efforçant d'être léger.

— Pourquoi ? répondit tranquillement le colonel. Vous avez gagné dans la main !

Hippolyte ajusta et fit la rouge au milieu. Mais il avait attaqué sa bille trop en tête, et par un reste de force, celle-ci alla se perdre à la petite bande du haut.

Les deux billes tombèrent ensemble, et l'on entendit le billard jouer le *Tuba mirum* ! C'était à glacer le sang dans les veines.

Le colonel avait gagné !... Il prit sa bille et la regarda long-temps. Puis il leva les yeux sur Hippolyte.

— Votre revanche, monsieur ? lui dit-il plein d'une profonde compassion.

— Non, monsieur, répondit le jeune homme avec fermeté... Le destin a parlé. Vous êtes plus fort que moi... Partons !

Ils sortirent ensemble, et le colonel tira sa montre :

— Il est trois heures, lui dit-il. Jusqu'à demain pareille heure, rien ! C'est juré?

— C'est juré! répéta Hippolyte... Il faut finir comme on a commencé, en gens de bonne compagnie.

— Eh bien donc, à Paris ! Les chevaux doivent nous attendre depuis une heure au moins.

Ils trouvèrent en effet une calèche de voyage à la porte du logement de M. de Ramières ; quatre chevaux, deux postillons, les domestiques, tout était prêt sans qu'Hippolyte se fût pourtant mêlé de rien. Avant que de monter, le comte écrivit quelques mots à la hâte et les remit à un homme qui partit en courant. Puis il dit adieu à ses officiers touchés jusqu'aux larmes, et il se jeta vite dans la voiture où le marquis était déjà.

Les chevaux détalèrent au galop. Les postillons sentaient qu'il y aurait doubles guides.

Le voyage fut triste et silencieux. Chacun avait en lui matière à des réflexions sinistres. Par l'attachement qu'Hippolyte lui avait inspiré, vous jugez si monsieur de Ramières devait souffrir. Quant au fils de madame de Marignan, il n'aurait pas osé dire toutes les pensées qui lui venaient. Sa mère avait été outragée, il avait voulu la venger, et c'était lui qui allait mourir..... lui, tout jeune, lui que, la veille encore, appelaient des destinées si hautes ! Il allait mourir obscurément, misérablement, au risque de passer pour un fou ; il allait volontairement déposer sa belle vie toute dorée, et des succès de tous les jours, et ses joies immenses de la jeunesse, et l'amour de son père, si fier maintenant de l'avoir reconnu, si heureux qu'il fût là, au monde, pour garder et transmettre la gloire dix fois séculaire de ses ancêtres... Et puis un autre amour encore, hélas ! à peine né et déjà bien ardent ! tandis que le coupable allait vivre et rester debout parmi tous ces désastres, libre de les déplorer ou d'en rire, à sa volonté, à son aise, à ses heures !... Etait-ce donc là une vengeance ? n'était-ce pas plutôt un sarcasme de l'enfer ?... n'était-ce pas une nouvelle et lamentable preuve que le duel, sous toutes ses formes, ne veut dire, malgré tout, que barbarie et absurdité ? N'était-ce pas une punition divine aussi, justement tombée sur sa tête, à lui que les larmes et vingt-cinq ans du repentir de cet homme avaient laissé sans émotion, à lui le fils impitoyable resté dans sa colère en face d'une faute que sa mère, en mourant, avait dix fois pardonnée ! De quel œil la sainte, dans sa demeure céleste, accueillerait-elle ce qu'il avait osé prendre pour une réparation ? Ne serait-il pas maudit à cause de cette immolation inutilement coupable ? Le suicide n'est-il pas un crime ?

Et puis il laissait là toutes ces idées de l'autre vie : il arrivait à ne plus rien croire de la dévote éducation de son premier âge ; Dieu, le ciel, sa mère disparaissaient, et il voyait le néant, gouffre immonde, déjà béant et prêt à l'engloutir... Alors sa nature se révoltait ; il ne voulait plus mourir ; il se trouvait trop jeune ; il rêvait à des ressources déshonorantes, à des subterfuges insensés ; il discutait avec lui-même la valeur de ce mot, *lâcheté ;* il eût accepté du colonel la revanche qu'il avait refusée avant de partir ; il pensait à descendre ; à s'enfuir... Il était fou.

Au plus fort des déchiremens que cette lutte lui causait, il regarda son voisin avec assez de faiblesse au fond de l'âme pour en appeler peut-être à sa pitié...

Il avait été élevé comme on ne doit pas élever les hommes, vous vous souvenez...

Le comte dormait profondément.

— Il est heureux, lui ! se dit-il avec envie... Mais les larmes lui vinrent, et son esprit s'apaisa.

Quand ils arrivèrent à Paris, il était redevenu digne de lui-même. Il se pencha vers le comte et l'éveilla avec un sourire. L'affreux combat avait cessé.

Monsieur de Ramières conduisit Hippolyte jusqu'à l'hôtel de Rocheblanche, et avant qu'ils se séparassent, il lui rappela encore son serment.

— Pas avant demain trois heures !... lui dit-il tout bas.

Ils se serrèrent la main.

Cinq minutes après une autre voiture de poste entrait dans la cour de l'hôtel. L'ambassadeur en descendit. Le billet écrit et envoyé par le comte en quittant Fontainebleau était pour lui. Il n'y avait qu'une ligne :

« Ne perdez pas votre fils de vue. Ce soir, à Paris, vous aurez de mes nouvelles.

RAMIÈRES. »

Le duc était accouru.

Il n'interrogea point son fils ; il ne lui parla pas du colonel; mais il le garda prisonnier à son insu.

Le soir il y avait réception aux Tuileries ; le duc y conduisit Hippolyte. Le roi causa long-temps avec son ambassadeur, et puis, avisant le jeune homme : — Ah ça, monsieur, qu'est-ce donc, lui dit-il... vous cherchez querelle à nos colonels ? vous déferiez volontiers nos comtes? Qu'est-ce que cela signifie?

La scène de Fontainebleau était venue vite à Paris.

Hippolyte baissa la tête et rougit.

— Je veux savoir demain que vous vous êtes réconcilié avec M. de Ramières, reprit le roi.

— Sire, répondit le duc, ils sont revenus ensemble aujourd'hui, dans la même voiture.

— A la bonne heure! dit Charles X. A propos, mon cousin, quand mariez-vous cette mauvaise tête? C'est le seul moyen de le rendre sage, voyez-vous!

— Dans un mois; sire, répondit le duc.

— Dans un mois! songea tristement le jeune homme.

A minuit, ils rentrèrent. Un valet de chambre attendait au bas du perron, et remit une lettre au duc.

Son excellence l'ouvrit, pâlit, et remonta en voiture aussitôt, en disant à Hippolyte : — Venez vite, venez!

Le cocher avait ordre d'aller ventre à terre. Au bout de quelques minutes, le chasseur abaissait le marchepied. On était rue Richelieu, hôtel des Colonies.

Le duc demanda l'appartement de M. de Ramières, et, prenant son fils par la main, il monta l'escalier avec la promptitude d'un jeune homme.

Ils entrèrent. Tout était ouvert et plein de monde qui allait et venait alarmé : des médecins, des voisins, des domestiques ; pas un ami ! Le colonel s'était poignardé et il allait mourir !..... Il ne parlait déjà plus.

Quand il reconnut ces deux hommes en costume de cour, devant lesquels s'ouvrait la foule respectueuse, il parut se ranimer, et sa volonté, fortement rappelée, lui rendit pour un moment la parole.

— Je vous devais une revanche, dit-il à Hippolyte, je vous l'ai donnée..., c'était juste. Votre mort eût été de ma part trop infâme, de la vôtre trop cruelle... Avant de jouer avec vous, j'avais déjà perdu... Vivez donc, cher Hippolyte, soyez heureux... et quelquefois, quand vous penserez à votre sainte mère, rappelez-vous le 19 novembre 1827... cela vous empêchera peut-être de maudire ma mémoire!.... Adieu !... adieu !.... Hippolyte.... Monsieur le duc... me pardonnez-vous ?

Le père et fils couvrirent de larmes les mains qu'il leur tendait.

— Je te pardonne, Edouard! dit le duc d'une voix étouffée.

— Au nom de ma mère, je vous bénis! dit le fils de madame de Marignan, agenouillé à son tour devant le mourant.

— Merci, mon Dieu! soupira le comte... le reste à ta justice! Je meurs heureux!...

Et il expira.

Ainsi finit l'histoire de la bille trouvée chez mademoiselle T*** A présent le billard où fut jouée cette singulière partie a disparu. La maison noire est devenue rose; sir Bloodstone est mort!... Ne cherchez donc plus rien de tout ceci, heureux voyageurs que les beaux jours ramènent parmi ceux qui m'ont aimé... Fontainebleau, douce et gracieuse ville, reverrai-je jamais toi et les tiens, hélas? La terre de l'exil me rendra-t-elle vivant au pays qu'on m'a forcé de fuir?... Hommes pleins de zèle, qui m'avez condamné sans même savoir mon crime, avez-vous pensé, ce jour-là, que pour certains cœurs la prison ou l'exil, c'est la mort?...

FIN.

TABLE.

—

Fontainebleau. — Imprimerie de E. Jacquin.

www.ingramcontent.com/pod-product-compliance
Ingram Content Group UK Ltd.
Pitfield, Milton Keynes, MK11 3LW, UK
UKHW031047260726
13965UKWH00006B/685

9 782013 038294